CHI SONO LE CIPOLLINE?

Le Cipolline sono una squadra di calcio. Hanno vinto dei campionati, ma per loro il risultato non sarà mai più importante del divertimento e dell'amicizia. A chi chiede se si sentano petali, rispondono: *No, siamo un fiore!*

GASTON CHAMPIGNON
ALLENATORE

Ex calciatore e compagno di squadra di Platini, è il proprietario del *Petali in pentola*, un ristorante specializzato in piatti a base di fiori. Il suo motto è: *Chi si diverte non perde mai!*

TOMMI
CENTRAVANTI

Capitano delle Cipolline, palleggia e prende a calci tutto ciò che gli capita tra i piedi. Quando Champignon l'ha visto palleggiare nel cortile di casa, ha subito capito che aveva la stoffa del campione…

DANTE
REGISTA

Per le tattiche di gioco si ispira alle grandi battaglie della storia e usa la fisica per studiare le parabole dei lanci.

BECAN
ALA DESTRA

Viene dall'Albania. I suoi genitori lavorano al *Petali in pentola*. Corre veloce come una gazzella e ha un gran destro.

SARA E LARA
DIFENSORI

Capelli rossi e lentiggini, sono due gocce d'acqua. Erano costrette a studiare danza, ora entrano in scivolata!

SPILLO
PORTIERE

L'ultima cosa a cui somiglia è uno spillo! Quando la palla si avvicina ci si butta come su un cono alla panna!

JOAO
ALA SINISTRA

Brasiliano, è mancino e passa
le domeniche al parco a giocare
a calcio con i suoi mille cugini.

CIRO
JOLLY

Napoletano, ha tre fratelli che giocano
a pallacanestro, ma lui adora il calcio.
Gioca ovunque, anche in porta.

PAVEL E IGOR
CENTRAVANTI

Due biondini gemelli, vivacissimi,
molto veloci, che in campo hanno l'a-
bitudine di chiacchierare un sacco.

MORTEN
ALA SINISTRA

Ha grande tecnica e ottimo dribbling.
Porta una scarpa rossa e una bianca e ha
sempre la testa tra le nuvole!

RAFA
CENTRAVANTI

Viene dalla Spagna, dove giocava
nelle giovanili del Real Madrid.
È alto, biondo, e ha i capelli lunghi.

ACHILLE
CENTROCAMPISTA

È il bullo della scuola, ma gli piace
il calcio, e per entrare nelle Cipolline
ha deciso di darsi una regolata.

ELVIRA
DIFENSORE

Era il fortissimo capitano delle
Rosa Shocking. Ha una bella
treccia nera ed è molto carina.

BRUNO
CENTROCAMPISTA

Ex numero 10 dei Diavoli Rossi.
È forte come un toro, ma ha il cuore
di burro e adora gli animali.

Pubblicato in accordo con Grandi & Associati, Milano

Progetto editoriale: Marcella Drago e Clare Stringer
Progetto grafico: Gioia Giunchi e Laura Zuccotti
Colore: Alessandro Muscillo

I Edizione 2016

© 2016 - EDIZIONI PIEMME Spa, Milano
www.battelloavapore.it - www.edizpiemme.it

Anno 2016-2017-2018   Edizione 1 2 3 4 5 6 7 8 9 10

Stampato presso ELCOGRAF S.p.A. - Stabilimento di Cles (TN)

IL BATTELLO A VAPORE

Luigi Garlando

Sul tetto del mondo

Illustrazioni di
Danilo Loizedda

PIEMME

A tutti gli italiani all'estero
che leggono le Cipolline

1
AUSTRALIA, ARRIVIAMO!

Morten e Spillo sono al centro del campo dell'oratorio Giovanni XXIII in tenuta da allenamento e osservano il cielo a testa in su. Sta nevicando da ore e il terreno di gioco è ricoperto da un soffice tappeto bianco.

– Mi è sempre piaciuto guardare i fiocchi che scendono, – spiega l'attaccante danese – perché se fissi la neve o la pioggia che viene giù hai la sensazione di salire in cielo.

– E ti sembra di raggiungere le tue amiche nuvole – prosegue Spillo.

– Esatto – conferma il mancino danese.

– A me invece piace mangiare i fiocchi – spiega il portierone, che spalanca la bocca. – Sono bianchi come le meringhe e, se mi concentro a occhi chiusi, sento anche il sapore…

Morten scoppia a ridere, estrae un pallone dal sacco e comincia a palleggiare con le sue scarpe

bicolori: una rossa, la sinistra, che ricopre il piede più talentuoso, e una bianca, la destra. I colori della bandiera della Danimarca.

Oggi è giorno di allenamento per le Cipolline.

Joao, imbacuccato nel piumino, con cappellino e guanti di lana, osserva sulla soglia dello spogliatoio, come una lepre impaurita che non trova il coraggio di uscire dalla tana.

– Fa troppo freddo, ragazzi. Io non ce la faccio... – si lamenta l'ala sinistra. – Un campione brasiliano non può allenarsi con queste temperature.

– Infatti tu non sei un campione – fa notare Becan.

– Ma sono brasiliano! – esclama Joao, che soffia di continuo sulle mani per scaldarle.

– Tieni duro, Joao – prova a consolarlo Sara. – Tra pochi giorni voleremo in Australia, dov'è estate piena e ci saranno più di trenta gradi! Pensa: spiaggia, mare, calzoncini, piedi nudi...

– Accipolla, questa sì che è vita! – sorride l'ala sinistra. – A immaginarlo mi sento già meglio. Posso farcela...

Esce dallo spogliatoio e con uno scatto raggiunge i compagni che stanno palleggiando al centro del campo.

Come ricorderai, le Cipolline hanno trionfato nel

torneo europeo della Master Gol Cup e, vincendo le finali di Londra, si sono aggiudicate il diritto di partecipare all'ultimo atto del concorso che metterà in gara squadre di cinque continenti.

Si giocherà a Sydney, in Australia.

Le Cipolline hanno la possibilità di aggiudicarsi la prima, prestigiosa Master Gol Cup e di laurearsi campioni del mondo. Ecco perché si allenano nonostante la fitta nevicata. Vogliono arrivare all'atto finale della competizione al massimo della forma e rappresentare nel modo migliore l'Italia e l'Europa.

Gaston Champignon ordina una decina di minuti di corsa attorno al campo che permette ai ragazzi di fare fiato, ma soprattutto di scaldarsi, poi li raduna al centro e spiega la prima esercitazione.

La neve è un'amica troppo simpatica per non coinvolgerla nell'allenamento…

– Difensori, costruite un po' di palle di neve e preparatevi a bombardare – annuncia il cuoco-allenatore. – Centrocampisti e attaccanti, prendete un pallone a testa e mettetevi in fila uno dopo l'altro. Forza, veloci…

– Palle di neve? – domanda Ciro con una smorfia dubbiosa.

11

– Sì, dividetevi in due file, una di fronte all'altra, in modo da formare un corridoio largo più o meno cinque metri – spiega ancora Gaston. – Gli attaccanti e i centrocampisti lo attraverseranno palleggiando e voi dovrete cercare di colpire il pallone facendolo cadere a terra. Immaginate di essere indiani appostati tra le rocce e loro i cowboy che attraversano un canyon. Pronti? Parti, Dante!

Il numero 10 solleva la palla con il piede sinistro e avanza palleggiandola con le cosce.

LA PALLA DI NEVE LANCIATA DA JORDI VA A VUOTO...

QUELLA DI ELVIRA COLPISCE IL CERVELLONE SU UN FIANCO...

CIAFF

PAFF

MA QUELLA SCAGLIATA DA LARA CENTRA IN PIENO LA PALLA.

I DIFENSORI FESTEGGIANO CON UN URLO DI VITTORIA.

Anche Becan e Diouff fanno poca strada nel canyon. Gli indiani ululano ancora di gioia.

– Dovete proteggere di più il pallone, ragazzi – suggerisce Gaston ai cowboy. – Il gioco è utile proprio per questo. Un bravo attaccante deve tenere un occhio sul pallone e l'altro sull'avversario che sta per intervenire. Quando il pericolo si avvicina, dev'essere bravo a spostare il pallone per metterlo in salvo. Se imparate a schivare le palle di neve, quando sarete in partita schiverete le entrate dei difensori. Coraggio, ripartiamo.

– So io come fare – promette Loris con un sorrisino. – Vediamo se mi colpiscono…

Il codino entra nel corridoio dei difensori e, alle prime palle di neve, calcia il pallone in alto, lo stoppa di testa e prova a raggiungere il traguardo con la palla incollata alla fronte.

Sembra che possa farcela, ma poco prima di uscire dal canyon viene colpito alla faccia dalla palla di neve scagliata con forza da Sara. Barcolla e il pallone gli casca dalla testa…

– Non vale! Questo è fallo! – protesta il codino, mentre i difensori esultano ancora e tutti gli altri scoppiano a ridere.

– È vero, è fallo – riconosce Champignon. – Ma un bravo

attaccante dev'essere in grado di evitare anche i falli.

Tocca a Joao.

Il brasiliano parte palleggiando di sinistro, con la coda dell'occhio vede arrivare una palla di neve e passa in fretta il pallone sull'altro piede. Per evitare l'attacco di Ciro, calcia in aria il pallone: la palla di neve del difensore napoletano passa sotto senza fare danni.

Con uno scatto Joao si sposta di lato, in modo da proteggere il pallone dal proiettile di Lara che lo colpisce alla schiena.

Il piccolo attaccante prosegue così, un occhio alla palla, un occhio agli attacchi dei difensori, e raggiunge la fine del canyon sano e salvo, festeggiato dall'applauso trionfale dei compagni.

– *Superbe!* – si congratula Gaston, sfiorandosi il baffo destro semi-ghiacciato.

Joao risponde sollevando le braccia al cielo con un bel sorriso di soddisfazione. Non sente più neanche il freddo. La neve farinosa si è trasformata per un istante nella calda sabbia di Rio de Janeiro.

Rieccoci nello studio televisivo del *Master Gol Show*, il reality che accompagna da settimane il torneo di calcio della Master Gol Cup.

Un caloroso applauso accoglie in scena Paolo, il presentatore con gli occhialini che spara parole a raffica: – Signore e signori, ragazzi e bambini, marziani e alieni, bentornati al *Master Gol Show*! Spero che abbiate passato un buon Natale e soprattutto che non vi siate abbuffati troppo durante le feste, perché vi voglio in gran forma! Ora dovrete alzarvi tutti in piedi, anche voi a casa, per accogliere come meritano le nostre Cipolline, che hanno trionfato nelle finali di Londra e si sono aggiudicate la Master Gol Cup d'Europa! Facciamo sentire ai nostri campioni come siamo orgogliosi di loro! Coraggio, spelliamoci le mani! Stanno arrivando…

Un terremoto di applausi, cori e fischi fa rimbombare lo studio, mentre una cascata di luci illumina la squadra di Champignon, che entra in scena guidata da Tommi e Spillo che sorreggono l'imponente trofeo vinto a Londra.

I ragazzi, in tuta bianca, si sbracciano per ringraziare di tanto entusiasmo.

– Che ne dici, capitano? – chiede il presentatore. – Soddisfatti di questa accoglienza?

– Accipolla, più che soddisfatti… – risponde Tommi.

– Ve li siete meritati tutti, questi applausi – commenta

Paolo. – Avete compiuto una vera impresa a sconfiggere i Mostri di Münster che sembravano imbattibili. Qual è stato il vostro segreto?

– Una candela – risponde il capitano.

– Una candela? – ripete il presentatore.

– Sì – conferma il centravanti. – Mister Champignon ci ha mostrato come un bicchiere può spegnere la fiamma di una candela togliendole ossigeno e noi abbiamo fatto lo stesso con i tedeschi. Abbiamo tolto ossigeno ai loro attacchi, ci siamo chiusi a riccio in difesa e abbiamo aspettato il momento buono per colpirli.

– Detto così sembra facile, ma non lo è stato senz'altro – commenta Paolo. – Rivediamo alcune immagini dell'epica battaglia nel fango di Wembley.

Si abbassano le luci e sul grande schermo dello studio scorre una sintesi della partita Cipolline-Mostri di Münster: le parate miracolose di Spillo, gli assalti dei tedeschi, gli interventi difensivi delle gemelle, fino al gol decisivo di Tommi, applauditissimo.

– Capitano, dopo questo gol credo proprio che gli spettatori a casa la smetteranno di votarti contro e di mandarti in panchina come hanno fatto spesso… – riprende il presentatore appena si riaccendono le luci.

– Me lo auguro anch'io… – commenta Tommi.

– A giudicare dalle e-mail che abbiamo ricevuto in questi giorni, – interviene Moreno, il giornalista-cameraman che accompagna le Cipolline in trasferta – credo invece che i nostri spettatori, nonostante la vittoria di Londra, non abbiano perdonato Loris e Teofano, i falsi fidanzatini…

I fischi che partono dalle tribune confermano il sospetto della iena Moreno.

Come ricorderai, il codino e l'imperatrice avevano conquistato i telespettatori fingendosi vittime delle Cipolline e legati da una forte amicizia. Ma sono stati scoperti e puniti dai voti a casa per il loro inganno.

Gaston interviene in loro difesa: – Forse Loris e Teofano hanno commesso degli errori, è vero, ma ci tengo a ricordare che nella finale di Londra hanno disputato un'ottima partita. Hanno lottato con generosità al servizio della squadra, da vere Cipolline… Per me, si sono fatti perdonare.

– Vedremo presto se li hanno perdonati anche i nostri amici a casa – conclude il presentatore. – Intanto, possiamo già dire con certezza che Dante, l'ex cervellone che stava antipatico a tutti, è sempre più il beniamino del pubblico, grazie alle sue bellissime poesie per Beatrice e all'ormai famosa recita nel teatro di Shakespeare. A proposito, hai composto altri versi negli ultimi giorni?

– No. Anzi, sì… Ma non per la mia amica Bea – risponde il numero 10.

– E per chi? Se non sono indiscreto… – chiede Paolo.

– Per Teofano – confessa Dante prendendo colore sulle guance…

Le Cipolline si scambiano sguardi sorpresi, mentre dalle tribune dello studio piovono fischi, applausi e commenti.

– Questo è un bel colpo di scena… – sorride il presentatore.

– Ma no – prova a minimizzare il numero 10. – È successo solo che a fine partita ho visto Teofano con la faccia ricoperta di fango e mi è venuta l'ispirazione per qualche verso. Tutto qui.

– Credo di avere delle immagini che aiutano a capire… – annuncia Moreno, con il suo classico sorrisino da iena.

Sullo schermo si vedono Dante e l'imperatrice che chiacchierano per qualche secondo, poi lei scoppia a ridere e bacia il numero 10 sulla fronte.

– A questo punto, però, devi declamarci la poesia – lo incalza Paolo.

18

– Se proprio insisti… – si arrende Dante, che cerca un po' di concentrazione e poi parte…

Due gemme nel fango
ora affondano e piango…
Invece lei ha sorriso
che luce sul suo viso!
Dante, guai se ti perdi
quei due occhi verdi…

La tribuna reagisce con un boato di applausi.
Dante ringrazia con un inchino.

– Complimenti davvero, poeta. Bellissima – si congratula il presentatore. – Ora accomodati pure con i tuoi compagni. È venuto il momento di scoprire il nome delle squadre che affronterete in Australia.

Le Cipolline vanno a sedersi sulle panchine ai bordi della scena, mentre Paolo e Gaston si spostano ai piedi del grande schermo.

– Signore e signori, ragazzi e bambini, marziani e alieni, vi ricordo che le Cipolline rappresenteranno l'Europa a Sydney e sfideranno le squadre degli altri quattro continenti: Africa, Asia, America, Oceania. O meglio, – precisa il presentatore con gli occhialini – i

19

continenti sono cinque, ma le squadre in gara saranno sei, perché il continente americano schiera due formazioni: una per l'America del Nord e una per quella del Sud. Le sei squadre saranno divise in due gironi da tre, le vincenti dei due gironi disputeranno la finalissima che eleggerà i campioni del mondo della Master Gol Cup. Vediamo subito in quale girone sono capitate le Cipolline. Accendiamo!

Una rullata di tamburi e una grandinata di luci colorate precede l'apparizione sullo schermo dei due gironi.

GIRONE A	GIRONE B
DELFINI DI MIAMI	ELEFANTI DI ABIDJAN
REAL SYDNEY	DRAGHI DI NANCHINO
CIPOLLINE DI MILANO	ESTRELA BAHIA

– Primo commento a caldo, Gaston? – domanda Paolo. – Direi che ci è andata bene. Abbiamo evitato i brasiliani di Bahia, probabilmente la squadra più forte.

– Non so se sia la più forte – risponde il cuoco-allenatore. – So però che affronteremo i padroni di casa

20

del Real Sydney, che avrà quindi tutto il tifo dalla sua parte. E so anche che negli Stati Uniti il calcio è in grande crescita, soprattutto tra i ragazzi che giocano nelle scuole. Quindi mi aspetto due partite molto combattute.

– Primo impegno contro i Delfini di Miami. Con quale formazione li affronterai? – chiede il presentatore. – Dimmi i tuoi undici nomi, poi i telespettatori a casa avranno la possibilità di effettuare due cambi.

– Ok – approva Champignon, che si affila il baffo destro e poi annuncia: – In porta Spillo…

2
LA SFIDA
DI ANTONIO

Sullo schermo si compone la formazione scelta da mister Champignon:

Spillo

Sara   Jordi   Ciro   Lara

Becan   Achille   Dante   Joao

Tommi   Rafa

– Bene, Gaston. Diamo ora il tempo di un paio di canzoni ai nostri amici da casa, che potranno poi cambiare due titolari con i loro voti – spiega il presentatore. – Tenetevi forte, ragazzi… A cantarci le due canzoni è proprio lui, il rapper bergamasco Cavoli a merenda!

Dopo l'applauditissima esibizione del cantante, idolo di Ciro, appaiono sullo schermo i due titolari imposti dai telespettatori: Teofano ed Elvira.

– Chi si rivede… l'imperatrice – commenta Paolo. – Sei stupito, Moreno?

– Non tanto – risponde il giornalista. – La poesia che le ha dedicato Dante ha restituito simpatia a Teofano e soprattutto l'ha fatta tornare un personaggio in grado di richiamare l'attenzione del pubblico televisivo. La gente vuole rivedere insieme in campo Dante e l'imperatrice, dopo quel bacio nel fango. Non mi stupisce neppure la preferenza accordata a Elvira: la nostra graziosa fotografa è sempre ai primi posti nei voti del pubblico a casa.

– Mentre Loris resta in castigo – osserva il presentatore con gli occhialini.

– Già, pare proprio di sì – conferma Moreno. – Vediamo ora chi dovrà uscire dalla squadra per far posto a Teofano ed Elvira.

– Rullino i tamburi! – ordina Paolo.

Dopo qualche secondo di attesa, sullo schermo esplodono i sorrisi di Rafa e Jordi.

Ma nella realtà il Niño non ha alcuna voglia di sorridere.

23

Le Cipolline, divertite, ridacchiano sottovoce.

Il presentatore Paolo conclude la trasmissione al centro della scena: – Signore e signori, ragazzi e bambini, marziani e alieni, facciamo un grande in bocca al lupo alle nostre Cipolline che stanno per volare dall'altra parte del mondo. Li aspetta un viaggio infinito: più di un giorno in cielo. Gaston, prometti di tornare con la Master Gol Cup?

– Caro Paolo, ogni evento sportivo è una moneta a due facce – risponde il cuoco-allenatore. – Può cadere dalla parte della vittoria o da quella della sconfitta: non posso prometterti nulla. Anzi, una cosa sì, posso promettertela: giocheremo da Cipolline, accettando la vittoria o la sconfitta, e in ogni caso sarete orgogliosi di noi.

Aeroporto della Malpensa.

Il grande giorno della partenza per l'Australia è arrivato.

La comitiva delle Cipolline s'imbarca alle 22,30 sull'enorme Boeing diretto a Sydney. Il viaggio è lungo e costoso, anche per questo non sono molti gli accompagnatori al seguito della squadra: oltre a Champignon e Augusto, ci sono Donato, papà del capitano, Daniela, mamma delle gemelle, la signora Sofia, moglie di Gaston, Adam ed Eva e Violette, pittrice di fama mondiale e moglie di Augusto. Lucia, moglie di Donato, che è incinta e a primavera darà un fratellino a Tommi, ha preferito restare a casa.

Non poteva mancare naturalmente lo scheletro Aiuto, primo tifoso delle Cipolline che, in quanto defunto e senza bagaglio, gode di una tariffa speciale. Dei ragazzi, oltre ai giocatori, s'imbarcano la ballerina Egle, il giornalista Lino, Issa e Jamila, adottati dalla famiglia di Gaston e di Augusto.

– A che ora arriviamo? – chiede Spillo.

25

– Alle sette del mattino, più o meno – risponde Dante.

– Ma allora il viaggio non dura così tanto come dicevano in Tv – deduce con soddisfazione il portiere che, come sai, non è mai troppo tranquillo in aereo.

– E invece sì, perché devi tenere conto della differenza di fuso orario – spiega il numero 10. – L'Australia, rispetto a noi, è dieci ore avanti. A Sydney adesso è già mattina. Perciò voleremo per un giorno intero prima di arrivare, con scalo ad Abu Dhabi per fare rifornimento.

– Accipolla, un giorno intero con i piedi staccati da terra… – commenta Spillo preoccupato. – Al decollo però mi terrai la manina come al solito, promesso?

– Io veramente contavo di sedermi accanto a Teofano – rivela il numero 10.

– Ancora l'imperatrice! – sbotta il portiere. – Ma non capisci che ti fa gli occhi dolci solo per farsi votare?

– A me importa solo che mi faccia gli occhi dolci… – risponde Dante con un sorriso da poeta felice.

– E quindi avresti il coraggio di tradire il tuo amicone del cuore che ha la tremarella quando vola? – domanda Spillo.

– Ma no che non ti tradisco, testone. Tranquillo… Stavo solo scherzando – lo rassicura il numero 10. – Ti terrò la manina come al solito. Vieni, siamo seduti qua.

Il portierone sorride sollevato.

Non ha problemi di volo Morten, che si siede accanto al finestrino pronto a godersi le amate nuvole per un giorno intero.

IL GATTO SISTEMA CON CURA IL VIOLINO NELLA CAPPELLIERA.

JOAO SBIRCIA FUORI DALL'OBLÒ E SVENTOLA UNA MANO.

ADDIO, FREDDO E NEVE!

Donato lega la cintura attorno allo scheletro di Aiuto e lo avvisa: – Quando passeremo sopra il Mar Morto, ti avverto, così saluti i parenti. Intanto prova a dormire.

Rombano i potenti motori del Boeing. La violenta accelerazione dell'aereo schiaccia contro il sedile il povero Spillo, che chiude gli occhi e stringe la mano dell'amico Dante. Decollo!

Il volo scivola senza problemi, l'atterraggio a Sydney avviene in perfetto orario.

Joao, che si è cambiato in bagno, si affaccia sulla scaletta dell'aereo già in calzoncini, ciabatte infradito e occhiali da sole: – Questa sì che è vita…

– Puoi dirlo forte… Questa è vita per tipe come noi! – fa eco Egle che scende dalla scaletta dell'aereo insieme alle gemelle, tutte e tre con occhiali scuri e cappellini di paglia da dive.

La prima sorpresa della vacanza arriva all'uscita della porta a vetri dell'area arrivi: un enorme cartello con scritto *Welcome Cipolline!* e un gruppo di ragazzi che si sbraccia ripetendo il nome della squadra.

– Accipolla, ci conoscono anche dall'altra parte del mondo… – commenta Diouff sorpreso. – Chi se l'aspettava?

Il ragazzo in prima fila, alto, riccioluto, dalle braccia muscolose, si presenta: – Ciao, io sono Antonio! Mio nonno è nato a Napoli. Siete le Cipolline, vero?

– Ehi, anche mio nonno è nato a Napoli! – esclama Ciro stringendo la mano di Antonio. – Come fate a conoscerci?

– La Tv e i giornali hanno dato ampio spazio alla Master Gol Cup e alle vittorie del Real Sydney – spiega il ragazzo dai riccioli neri. – Ma noi faremo il tifo per voi… Sapete che in Australia abitano ottocentomila persone di origine italiana, gente che è venuta in Australia in cerca di lavoro e ci è rimasta? Come i nostri parenti.

– I miei no, però – precisa un ragazzo dalla pelle scura e dai capelli spessi che sparano da tutte le parti. – I miei antenati abitavano già l'Australia decine di migliaia di anni fa, molto prima che arrivassero gli italiani… Mi chiamo Nathan.

– Accipolla, ma tu allora discendi dagli aborigeni, i primi abitanti dell'Australia! – deduce il Gatto entusiasta. – E magari sai suonare il *didgeridoo*?

– Certo che lo so suonare – conferma Nathan.

– Anch'io! – esclama il portiere. – Me lo ha insegnato il mio amico Wollo, che ho conosciuto al Mondialino sul lago di Como e che mi ha raccontato un sacco di cose sugli aborigeni australiani.

– Ragazzi, in questi giorni avremo modo di raccontarci un mucchio di cose e soprattutto, se vi farà piacere, potremo mostrarvi le cose più belle della nostra città – riprende Antonio. – Vi faremo da guide turistiche. Ma ora immagino che siate stanchissimi per il lungo viaggio e vogliate arrivare in albergo.

– Esatto – conferma Spillo. – Io in aereo non ho chiuso occhio. Non vedo l'ora di toccare un letto…

– Posso darvi un consiglio? – suggerisce Nathan.
– Cercate di non dormire ora, altrimenti non smalti-
rete più il fuso orario. Provate a rimanere svegli fino
a stasera, così sarà più facile sintonizzarvi sull'orario
australiano.

– Mi sembra un consiglio saggio – approva Dante.

– Sì, datevi solo una rinfrescata e poi buttatevi subito
in spiaggia – propone Antonio. – Noi stiamo andando
a Bondi Beach. Ci possiamo vedere là più tardi.

– Bondi Beach? Mitico! – esulta Teofano. – È il
paradiso del surf! Una delle spiagge più belle del
mondo. Dobbiamo andarci assolutamente, ragazzi!
Mi vedo già su una tavola tra le onde…

– Io invece mi vedo già a tavola a far colazione –
precisa Spillo.

I ragazzi si salutano, si scambiano i numeri di cellulare, poi la comitiva recupera i bagagli imbarcati e
raggiunge il pullman messo a disposizione dall'orga-
nizzazione della Master Gol Cup, che trasporta tutti
all'albergo di Sydney.

Naturalmente Dante non perde l'occasione per dare
le prime informazioni sulla città. Come sai, quando
può indossare i panni del Cicerone è sempre felice:
– Dovete sapere che Sydney conta quasi cinque

milioni di abitanti, quattro volte Milano, ma non pensate a una città caotica, piena di smog e di traffico.

– E com'è possibile? – chiede Pavel.

– È possibile perché è una città giovane, nata dopo – spiega il cervellone. – Chi l'ha costruita ha studiato gli errori delle nostre città e l'ha migliorata. È come se avesse messo in bella la brutta copia di un tema pieno di strafalcioni. Per esempio, ha riempito Sydney di parchi e di verde, così l'aria è molto più buona di quella di Milano.

– Anche perché a Milano non c'è il mare – fa notare Becan.

– In effetti Sydney è aiutata anche dalla posizione geografica – riprende Dante. – Ha una baia spettacolare, che è considerata tra le più affascinanti del mondo, e a pochi chilometri ha spiagge incantevoli. Siamo fortunati: il nostro albergo sta proprio nella baia di Sydney, a Darling Harbour, una zona pedonale ricca di locali, negozi, divertimenti, a un passo dall'Opera House, dal Harbour Bridge e dai grattacieli più caratteristici. Vedrete che scenario spettacolare, ragazzi…

– Io voglio visitare assolutamente il teatro dell'Opera House – decide Sofia. – Mi sarebbe proprio piaciuto danzare lì… Dev'essere un vero gioiello.

31

– Tesoro, quando sei venuta tu in Australia c'erano ancora gli aborigeni – scherza Gaston.

Scoppiano tutti a ridere.

Tutti tranne la signora Champignon, che volta le spalle al marito con uno scatto di finto risentimento e promette: – Questa battutaccia ti costerà cara, signor Fungo! Sei un vero selvaggio…

La comitiva Cipolline raccoglie il suggerimento di Antonio e, dopo aver preso possesso delle stanze, decide di uscire immediatamente per non rischiare di addormentarsi e di passare poi la notte in bianco per colpa del fuso.

Davanti allo spettacolo di Bondi Beach, la più celebre spiaggia di Sydney, a sette chilometri dal centro della città, i ragazzi restano a bocca aperta: mare azzurro, onde lunghe cavalcate dai surfisti, una mezzaluna di sabbia bianca.

– Capite, ragazzi, perché ogni volta che fanno una classifica tra le città dove si vive meglio, Sydney finisce sempre ai primi posti? – chiede Dante. – Meraviglie come questa a pochi chilometri dal centro e trecentoquaranta giorni di sole all'anno su trecentosessantacinque. Non so se mi spiego…

– Ti spieghi benissimo – commenta Achille. – Il

laghetto del parco Forlanini in mezzo alla nebbia non è esattamente la stessa cosa…

– Telefono ad Antonio – suggerisce Teofano sfilando il cellulare dai calzoncini. – Così può dirci dove noleggiare le tavole da surf.

– Buona idea – approva Sara. – Non mi dispiace rivedere quel ragazzo. Mi sembrava proprio simpatico…

– Simpatico nel senso di carino – corregge Lara ridacchiando.

– In effetti ho visto ragazzi più brutti – commenta Egle.

Tommi fulmina la ballerina con un'occhiataccia…

Le Cipolline, Antonio e i suoi amici stendono i teli mare in un angolo della spiaggia rimasta libera.

Il Gatto si mette subito a parlare con Nathan di *didgeridoo*, il più tipico strumento musicale degli aborigeni, e delle usanze dei più antichi abitatori dell'Australia.

– Lo sai che sono stati i miei antenati a dare il nome a questa spiaggia? – chiede con orgoglio Nathan.

– E cosa significa? – domanda il Gatto.

– Bondi significa "suono delle onde che si infrangono contro gli scogli" – spiega il ragazzo australiano.

33

– Bello. Più che un nome mi sembra una poesia – commenta il violinista.

– Hai ragione. Gli aborigeni hanno sempre avuto uno spirito poetico, fin dalla creazione del mondo, che noi chiamiamo il "Tempo del Sogno", quando l'uomo viveva in armonia con la natura e gli animali e non faceva disastri – racconta Nathan. – Mio nonno, che è un bravo pittore, dipinge sempre il Tempo del Sogno. Mi piacerebbe farti vedere i suoi quadri.

– Piacerebbe anche a me e di sicuro piacerebbe anche a Violette, la sorella del nostro allenatore che è una pittrice famosa – spiega il Gatto.

– Allora devo portarvi a casa del vecchio Callum – decide il giovane aborigeno.

Due amici di Antonio si stanno passando un pallone ovale.

– In Australia il rugby è molto popolare, vero? – chiede Bruno.

– Sì, però quello è un pallone da football australiano, – precisa Antonio – che qui è lo sport nazionale, il più seguito di tutti. Una vera malattia…

– Giocate anche voi a football australiano? – chiede Achille.

– Sì, io, Damon, Zack e Todd siamo nella

rappresentativa della scuola – conferma l'australiano.

– Mitico! – esclama l'ex bullo. – A me piace un sacco il football australiano. Lo seguo spesso in Tv. Si danno delle botte da orbi…

– In effetti è uno sport molto fisico, essere alti e grossi aiuta, ma ha delle regole precise come tutti gli sport – precisa Antonio. – Non è che ci si può picchiare come si vuole…

– Come si fa gol nel football australiano? – chiede Joao.

– Le porte sono formate da quattro pali, i due al centro sono più alti – spiega Achille. – Se calci la palla ovale tra i due pali centrali ottieni sei punti, se la fai passare tra i due laterali solo uno.

– Una specie di rugby, quindi – osserva Becan.

– Non proprio. Il passaggio, per esempio, è molto diverso. Non puoi lanciare la palla a un compagno con le mani – spiega Antonio. – Puoi fargliela arrivare solo con un calcio oppure colpendola con un pugno.

– L'azione più spettacolare è quando un giocatore tira un calcione da trenta-quaranta metri alla palla – racconta Achille. – Per prenderla si scatena una vera zuffa… Saltano insieme quattro o cinque giocatori, si spingono, si arrampicano uno sull'altro, perché chi

blocca la palla poi può calciarla verso la porta senza che nessuno possa ostacolarlo. Una specie di calcio di rigore. I giganti del football australiano giocano con delle magliette senza maniche. Hanno certe braccia che sembrano tronchi d'albero. Come mi piacerebbe saltare in una di quelle zuffe…

– Possiamo fare una partita qua in spiaggia – propone Antonio.

– Stai scherzando? – chiede Joao. – Io e Dante finiremmo stritolati…

– Possiamo giocare con un pallone da calcio – suggerisce l'amico australiano. – Voi attaccate con i piedi, quando prendiamo palla noi cerchiamo di fare gol con le regole del football australiano.

– Mitico! Si fa! Scatta la sfida Italia-Australia! – accetta l'ex bullo.

Anche se le altre Cipolline non sembrano altrettanto entusiaste…

3
IL BOOMERANG DI DONATO

Achille chiama Spillo sdraiato sotto un ombrellone:
– Grande sfida con gli australiani! Ci serve un lotta-
tore per bloccare palloni in aria: sarai tu!

– No, grazie, ho sonno – spiega il portiere. – Si
sta troppo bene qui sotto. Svegliatemi quando ve ne
andate – taglia corto Spillo.

Achille si arrende. A rappresentare le Cipolline
contro i quattro robusti australiani saranno Ciro,
Achille, Tommi e Bruno.

Quattro paletti piantati nella sabbia formano le
due porte, distanti una decina di metri, che dovranno
essere imbucate dai giocatori.

– Palla agli ospiti. Cominciate voi – invita Antonio.

Ciro mette a terra il pallone, avanza e, sull'attacco
di Damon, la passa ad Achille che la solleva, la palleggia con la coscia e la lancia verso Tommi scattato
verso la porta.

Gli avversari devono allontanarsi.

Antonio afferra il pallone a due mani, lo lascia cadere e lo calcia al volo mandandolo tra i due pali: 1-0 per i ragazzi di casa, che festeggiano schiaffeggiandosi le mani.

– Tutto bene, capitano? – chiede Egle, che sta assistendo alla partita seduta accanto alle gemelle e a Elvira, impegnata a scattare fotografie. – Hai tutte le ossa a posto?

– Credo di sì – risponde Tommi, che si rimette in piedi faticosamente e sputa la sabbia che gli è entrata in bocca.

Bruno comincia la nuova azione di gioco con i piedi. Achille riceve la palla e la passa al capitano, arretrato per impostare l'attacco.

Tommi studia la posizione dei compagni, ma non si accorge che Zack si è lanciato in volo per placcarlo afferrandolo ai fianchi. Il capitano riceve una testata alla bocca dello stomaco che gli toglie il fiato e si ritrova dolorosamente disteso sulla schiena, ricoperto da una specie di armadio biondo che gli sta sorridendo in faccia…

Damon ha recuperato il pallone e lo ha calciato verso il cielo. Si prepara una nuova lotta per afferrarlo

39

al volo. Questa volta Achille allontana con una ma-
nata Antonio che cercava di ostacolarlo, stende Todd
con una spallata e salta indisturbato ad agguantare
il pallone: – Preso!

TOMMI CHIAMA SUBITO PALLA.

LANCIA QUI!

L'EX BULLO OBBEDISCE.

DA TERRA IL CENTRAVANTI S'INVENTA UNA ROVESCIATA AL VOLO. IL PALLONE SFIORA IL PALO ED ENTRA IN PORTA: 1-1

– Mitico, capitano! – applaude Sara.

– Sì, il capitano è mitico, ma più osservo quell'Antonio e più mi sembra carino… – aggiunge Lara.

Egle, Elvira e le amiche scoppiano a ridere.

Antonio si complimenta con Tommi per la prodezza
e lo aiuta a rialzarsi: – Football australiano-Football
italiano 1-1!

– Direi che per oggi possiamo fermarci qui – propone il capitano massaggiandosi la schiena dolorante.
– Che ne dite di farci un bel bagno?

– Ottima idea – approva Damon.

A riva, Ciro indica un punto lontano: – Guardate là!

Teofano, il Gatto e Nathan stanno cavalcando le onde di Bondi Beach zigzagando sulle loro tavole da surf.

– Ehi, ma la vostra amica è italiana o australiana? – chiede ammirato Antonio. – È veramente brava! Tiene testa al nostro Nathan che è nato tra i cavalloni…

– Lo sapevo – commenta a bassa voce Lara. – Alla fine anche lui resterà stregato dagli occhi verdi dell'imperatrice.

– Per adesso ha detto «brava», non «bella» – fa notare Egle. – Potete ancora sperare…

Le ragazze ridacchiano di gusto.

La prima giornata australiana non poteva essere più divertente per le Cipolline: sole, mare, giochi, nuovi amici simpaticissimi.

Come osserva Joao: – Ma ci pensate che fortuna i ragazzi di Sydney? Tutto l'anno possono godersi delle giornate così. Noi al massimo giochiamo a porticine all'oratorio…

Al momento di ripartire con il pullman, Tommi lancia l'allarme: – Ragazzi, ci siamo dimenticati Spillo!

– Vuoi dire che sta ancora dormendo sotto l'ombrellone? – chiede Becan.

41

– Temo proprio di sì… – risponde il capitano.

Le Cipolline tornano di corsa in spiaggia e scoprono il primo problema: durante il pomeriggio il sole si è spostato e le gambe di Spillo sono uscite dall'ombra dell'ombrellone di paglia.

Appena si sveglia, il portierone scopre così di avere le gambe rosse come un gambero.

– Accipolla, Spillo, sei metà rosso e metà bianco – commenta Morten. – Come le mie scarpe da calcio… Ti bruciano?

– Mi sembra di averle appena tolte dal forno – risponde il numero 1.

SPILLO

– Non ti preoccupare – lo rassicura Augusto. – In albergo ho un balsamo speciale contro le ustioni. Vedrai che stanotte dormirai sereno e non sentirai nulla.

Il secondo problema è proprio questo: Spillo di notte non dorme affatto sereno, ma non per colpa della scottatura, per il fuso orario.

Il portierone ha dormito per tutto il pomeriggio e così di notte si ritrova sveglio come un grillo come se fosse in Italia, dove infatti a quest'ora è pieno giorno.

Il problema non è solo suo, ma anche di Tommi e Dante, gli amici del cuore, con i quali da sempre divide le camere d'albergo in trasferta. Non sapendo come passare il tempo, infatti, Spillo sgranocchia noccioline e sacchetti di patatine, mentre segue incontri di wrestling per televisione.

Il capitano e il numero 10 hanno provato a convincerlo in tutti i modi a fare silenzio, anche con le cuscinate… Alla fine si sono arresi, si sono infilati due palline di cotone nelle orecchie e si sono addormentati con la testa sotto al cuscino…

Alle nove del mattino, quando è ora di alzarsi, Spillo ha appena preso sonno e non c'è verso di svegliarlo.

– Io mi arrendo – annuncia Dante che ha provato a urlargli nelle orecchie, a tirargli i piedi e a fargli il

solletico. – Non voglio passare la giornata a cercare di svegliare questo bisonte…

– Ma non possiamo neanche lasciarlo dormire tutta la mattina – osserva il capitano. – Se va avanti così, a scambiare il giorno per la notte, non si abituerà mai al fuso australiano.

– In questi casi il rimedio è uno solo – assicura Achille entrato in stanza. – Un bel bicchiere di acqua fredda. Nei film funziona sempre.

L'ex bullo va in bagno, torna con un bicchiere pieno di acqua e lo rovescia sulla faccia di Spillo che sbadiglia, si gira dall'altra parte e continua a dormire come se niente fosse.

– Non ci credo… – commenta Tommi sconcertato.

A sorpresa, entra in camera Champignon: – Credo di sapere come risolvere il problema. Lasciate fare a me.

Il cuoco-allenatore si china su Spillo e gli sussurra: – Aiuto! Stanno bruciando le meringhe nel forno!

Il portiere si sveglia di colpo e scatta in piedi sul letto: – Dove? Salviamole! Presto! Chiamate i pompieri!

Le Cipolline scoppiano tutte a ridere.

Essendo la vigilia della partita contro i Delfini di Miami, Gaston evita di portare nuovamente le Cipolline in spiaggia e sceglie un programma più rilassante, al riparo dal sole dell'estate australiana.

Alla mattina sceglie la visita ai meravigliosi giardini botanici di Sydney, un autentico paradiso di colori e di serenità. La squadra passeggia per i vialetti ombreggiati che attraversano prati curatissimi, decorati con opere d'arte, e giardini che custodiscono ogni tipo di fiore: camelie, begonie, una raccolta di milleottocento rose… I Royal Botanic Gardens ospitano anche alcune delle piante più antiche del paese e una delle più ricche collezioni di palme australiane.

Una vera festa per Elvira, che riempie di immagini la sua inseparabile macchina fotografica.

A un certo punto è proprio la fotografa di *Ciponews* a chiedersi: – Ma quella cosa sdraiata sotto quell'enorme fico è una delle tante statue dei giardini botanici o è Spillo addormentato?

– Temo proprio che sia Spillo addormentato – risponde Dante. – Andiamo subito a svegliarlo, o anche stanotte la passerà sveglio con la Tv a palla nella mia stanza…

Nel pomeriggio, su proposta del Gatto, appoggiata con entusiasmo da Violette, le Cipolline vanno a far visita al nonno di Nathan a Redfern, quartiere a sud di Sydney dove vivono molte famiglie di origine aborigena.

Come sai, la moglie di Augusto, sorella di Gaston,

è diventata famosa per aver fondato la scuola della "Pittura alla verdura" ed è sempre curiosa di apprendere nuove tecniche e di confrontarsi con la tradizione artistica dei paesi che visita.

Callum, il nonno di Nathan, è un vecchietto arzillo, dagli occhi vispi che guizzano come lucertole e dai capelli bianchi scapigliati, quasi come quelli del nipote. È un tipo di poche parole, ma dai modi gentili e ospitali.

Per prima cosa guida gli amici arrivati dall'Italia in una piccola stanza che ha le quattro pareti ricoperte da boomerang di legno di varie dimensioni. Ogni boomerang in realtà è un piccolo quadro che Callum ha decorato con una tecnica particolare.

CALLUM

– Questi boomerang li ha decorati tutti tuo nonno? – chiede Violette, che si guarda attorno incantata. – Sono stupendi…

– Sì, sono solo una parte della sua collezione. Molti li ha venduti ai mercatini di Sydney – racconta il ragazzo. – Ora il nonno vi mostrerà un'altra tecnica tipica della cultura aborigena. Intanto sta preparando i colori.

Le Cipolline osservano con attenzione l'anziano artista che sbriciola e riduce in polvere all'interno di un mortaio un pezzo di roccia gialla e una più rossastra. Ci versa dentro una sostanza collosa e una più liquida, rossa. Poi mescola il tutto con grande concentrazione.

– Serve un volontario – dice Nathan. – Il nonno disegnerà la sua mano.

– Allora Spillo, – risponde subito Dante – che è il nostro portiere e usa le mani più di tutti.

47

– Giusto – approva Tommi. – Almeno, se fa il modello, non si addormenterà da qualche parte…

Callum stende una specie di tela bianca sul tavolo da lavoro e chiede al portiere di appoggiarci sopra la mano a dita aperte. Mescola ancora la vernice all'interno del mortaio poi se la porta alla bocca e la beve…

Le Cipolline si scambiano sguardi sbalorditi.

Il nonno di Nathan si china sulla tela e con uno spruzzo prolungato fa uscire dalle labbra la vernice, che poi espande e lavora con una specie di pennello. Quando Spillo ritira il braccio, sulla tela colorata è rimasta l'impronta bianca della sua mano.

– Pensate, in una grotta australiana sono stati trovati dipinti che risalgono a cinquantamila anni fa, eseguiti con questa tecnica di pittura che oggi chiamiamo *stencil* – racconta Nathan.

– Fantastico… – commenta Violette, rapita dall'abilità dell'artista aborigeno.

Spillo invece continua a guardarsi la mano lurida, che emette un odore abbastanza sgradevole, e domanda: – Posso sapere di che cosa è composta questa vernice? Se non è un segreto.

– Nessun segreto – assicura Nathan. – Polvere d'ocra, resina, saliva e sangue di canguro.

48

Le Cipolline osservano divertite l'espressione disgustata del portierone che adocchia un lavandino e corre a lavarsi la mano…

Prima di ringraziare e salutare nonno Callum, Nathan recupera un boomerang, che un tempo gli aborigeni usavano come arma da caccia, e dà una dimostrazione di lancio in cortile.

Con un movimento dall'alto in basso il ragazzo scaglia il boomerang che, roteando su se stesso, gira attorno a una pianta e torna tra le mani del lanciatore.

Le Cipolline applaudono la perfetta esibizione.

– Ci vuole una certa sensibilità nelle mani che io ho, in quanto suonatore di piatti nella banda dei tranvieri, ma non è poi così difficile lanciare un boomerang – assicura Donato, che si fa consegnare da Nathan l'oggetto di legno.

Il papà di Tommi studia la traiettoria, poi lascia partire il boomerang che supera l'albero, scavalca il muro di cinta e termina la corsa nel cortile del vicino con un gran rumore di vetri rotti…

49

4
LA LOTTA
CON I DELFINI

Il tifo sulle tribune sembra diviso in parti uguali.

I sostenitori arrivati da Miami sono molto più numerosi di quelli arrivati da Milano, ma i tanti ragazzi di origine italiana, come Antonio, compensano la differenza e sosterranno le Cipolline.

Se i tifosi americani sventolano delfini gonfiabili che guizzano sulle teste come delfini veri tra le onde, la porzione italiana di tribune è invasa da bandiere tricolori.

Come sai già, Champignon ha schierato in campo la seguente formazione, corretta dai telespettatori del *Master Gol Show*:

Spillo

Sara   Elvira   Ciro   Lara

Becan   Achille   Dante   Joao

Tommi   Teofano

I ragazzi di Miami sono disposti invece con lo schema 4-1-4-1.

Dalle prime battute di gioco sembrerebbe che gli americani abbiano scelto una tattica molto prudente. Probabilmente si tratta di una specie di complesso di inferiorità, nel senso che il calcio italiano ha una lunga tradizione vincente ed è sempre stato superiore a quello statunitense.

Fatto sta che i Delfini lasciano in attacco il solo numero 9, un ragazzone di colore dai capelli tinti d'oro, mentre tutti gli altri si occupano soprattutto di contenere gli attacchi delle Cipolline che mostrano subito due ali in stato di grazia.

Joao, in particolare, è partito fortissimo, dribbling dopo dribbling, e sembra incontenibile. Ormai lo sappiamo bene: più fa caldo, più il piccolo brasiliano si sente a casa e mette in mostra tutto il suo grande talento.

Ma anche Becan non scherza… È marcato da un terzino alto e potente, ma non certo veloce. Ogni volta che l'ala albanese ferma la palla sulla fascia e poi riparte di scatto con la sua classica finta "stop and go" il Delfino numero 3 rimane piantato sul posto.

Le fughe e i cross di Becan e Joao stanno facendo la storia della partita.

Sulla prima palla scodellata in aria dal numero 11 brasiliano, Tommi ha stoppato il pallone di petto per Teofano che ha calciato al volo, di controbalzo, e ha fatto rimbombare la traversa.

Becan si libera ancora una volta del pesante numero 3 e raggiunge la linea di fondo. Finge il solito cross, invece spara un violento rasoterra verso i piedi di Tommi che anticipa il suo marcatore nel cuore dell'area e gira di tacco verso la porta.

Il portiere è battuto, ma il Delfino numero 5 salva sulla linea.

La tifoseria italiana ulula di delusione...

– Stiamo dominando, ragazzi, non c'è partita! – esulta Antonio. – Forza, Cipolline!

– Sì, ma dominare non serve a niente. Bisogna fare gol – commenta Lino, che sta prendendo appunti per l'articolo che dovrà scrivere per *Ciponews*. – Stiamo sprecando troppo. Nel calcio, se sprechi troppo, prima o poi trovi qualcuno che te la fa pagare.

Sara guarda incantata il bell'Antonio, che continua a sventolare la bandiera tricolore con le sue braccia palestrate.

Egle sveglia la gemella gridando: – Guarda che il campo è dall'altra parte...

Le due amiche ridacchiano divertite.

A metà del primo tempo, i ragazzi di Miami non hanno ancora superato il centrocampo, nonostante il gran tifo dei propri sostenitori.

Spillo non è dovuto intervenire.

Nei primi minuti ha camminato fino al limite dell'area e ha saltellato per sciogliere i muscoli e farsi trovare pronto per la prima parata. L'immobilità può giocare brutti scherzi a un portiere.

Ora si è rassegnato a fare da spettatore non pagante e segue da lontano le azioni appoggiato al palo.

Anche Achille è in gran forma e spezza ogni tentativo di ripartenza degli avversari. Appena recupera palla, la appoggia a Dante che mette subito in movimento una delle due ispiratissime ali che riforniscono puntualmente il capitano o l'imperatrice.

Il gioco delle Cipolline scorre alla perfezione e diverte gli italiani di Sydney, che possono sventolare con orgoglio la bandiera della loro patria lontana. Gaston Champignon, infatti, osserva la partita appeso al baffo destro, quello dell'ottimismo e della soddisfazione.

Il gol del vantaggio è nell'aria. Non può non arrivare…

Forse sta arrivando.

53

Le Cipolline rimangono quasi paralizzate dallo stupore per il gol fallito.

I Delfini ne approfittano per partire in contropiede e per superare finalmente la metà campo.

Spillo, seduto a terra con la schiena contro il palo, ha tutto il tempo per rialzarsi e organizzare l'eventuale parata, mentre Elvira e Ciro cercano di spezzare l'azione lontano dall'area di rigore.

Non ci riescono perché il numero 10 americano ha pescato l'attaccante dai capelli d'oro con un lancio perfetto in profondità.

A questo punto Spillo avrebbe dovuto essere in piedi da un pezzo...

Dante è il primo a rendersi conto della situazione:
– Si è addormentato... Non è possibile...

Il centravanti dei Delfini non deve neppure entrare in area. Vede la porta vuota e la centra senza problemi con un comodo tiro di piatto: 1-0!

Spillo si sveglia di soprassalto per il boato che esplode in tribuna.

Solleva la coppola a quadretti che si era calato sugli occhi, vede la palla in rete e capisce il disastro che ha combinato...

La situazione è così assurda che nessuno ha il coraggio di rimproverarlo.

Sara recupera il pallone in rete, come se le Cipolline avessero subìto un gol normale, e lo riporta al centro del campo.

55

– Credo che si tratti del primo gol nella storia del calcio subito per un colpo di sonno – commenta Donato. – Tu te ne ricordi altri?

Ma lo scheletro Aiuto non risponde.

Le Cipolline si ributtano in attacco negli ultimi minuti del primo tempo, ma la difesa americana, arroccata attorno a due difensori centrali fortissimi, respinge colpo su colpo.

L'arbitro fischia e manda tutti negli spogliatoi per l'intervallo.

– Ora capisci perché ti dicevamo di sforzarti di dormire di notte e di star sveglio di giorno? – chiede Tommi.

– Sì, capitano. Mi spiace. Chiedo scusa a tutti… – risponde avvilito Spillo, che si toglie la maglia da portiere e si lascia cadere su una sedia.

– Perché ti sei tolto la maglia? – chiede Gaston.

– Perché, dopo quello che ho combinato, immagino sia meglio che entri il Gatto – spiega il numero 1.

– No, hai creato un problema ai tuoi compagni, ora cerca di aiutarli a risolverlo – decide il cuoco-allenatore. – Fatti una doccia fredda che ti aiuterà a svegliarti, poi rivestiti e torna in campo.

Se Champignon avesse sostituito il portiere,

l'avrebbe distrutto, perché gli avrebbe fatto pesare per sempre l'errore. Ok, Spillo l'ha combinata grossa, ma tante volte in passato è stato il petalo che ha salvato il fiore con le sue parate prodigiose. Ora il petalo ha bisogno dell'aiuto del fiore. E Gaston ha fatto bene a non negarglielo.

Il cuoco-allenatore chiama Tommi e Dante e ordina loro: – Scambiatevi la posizione.

Le due Cipolline si guardano perplesse.

– Mister, li ha visti quei due giganti al centro della loro difesa? – chiede Dante. – Non è riuscito a sfondare Tommi, come posso riuscirci io?

– Tu non devi sfondare, tu devi fare il boomerang – spiega Gaston. – Ti ricordi ieri a casa di Callum?

Il Gatto esce dallo spogliatoio accanto a Spillo: – Va meglio dopo la doccia?

– Mica tanto – confessa il portierone. – Mi si chiudono gli occhi. Non pensavo di soffrire così tanto il fuso orario. Speriamo che non attacchino più…

– Non preoccuparti. Ora mi metterò dietro la porta con il mio violino – spiega il Gatto. – Appena mi accorgerò che stai per addormentarti, suonerò la corda della nota "mi", quella più acuta, e vedrai che ti sveglierai subito. Ce la faremo.

– Grazie, Gatto – conclude Spillo, che si avvia a passo lento verso i pali.

La ripresa riparte seguendo il copione del primo tempo: Delfini chiusi nel loro fortino difensivo, Cipolline all'attacco, spinte da due nuove ali: Diouff a destra e Morten a sinistra.

Becan e Joao hanno dato spettacolo, ma hanno finito la benzina dopo tanta corsa sulle fasce, e ora c'è bisogno di forze fresche.

Gaston ha inserito anche Rafa al posto di Teofano.

È proprio il Niño a procurarsi la prima nitida palla-gol del secondo tempo. Intercetta un passaggio del portiere al suo terzino. Controlla la palla e la calcia con un destro a giro mirando l'incrocio dei pali.

Il portiere americano si distende in tuffo, ma non ci arriva. Il pallone sbatte sul palo e rotola sul fondo.

Un altro ululato attraversa la tribuna: – Nooo…

– Questa partita è stregata! – esclama Adam.

– Sì, però un po' ce l'andiamo anche a cercare – commenta Donato. – Come si fa a schierare centravanti Dante, che è un peso piuma, in mezzo a quei due pesi massimi che stanno in difesa? Mi sa che il nostro Gaston si è preso un colpo di sole ieri a Bondi Beach…

Se non altro Tommi, che ora parte da più lontano, in posizione da centrocampista, ha più libertà e arriva al tiro più facilmente.

Eccolo ancora in azione…

Il capitano dribbla due Delfini, vede il portiere fuori dai pali e prova a sorprenderlo con un pallonetto dal limite dell'area. Il numero 1 americano arretra di due passi e con un tuffo all'indietro riesce a schiaffeggiare la palla oltre la traversa.

Dante va a battere dalla bandierina.

Tommi si avvicina ad Achille e gli arrotola le maniche della maglietta, in modo da scoprirgli le spalle.

– Che ti prende, capitano? – chiede, sorpreso, l'ex bullo.

– Ora sei un giocatore di football australiano – spiega Tommi, che poi concerta un piano con l'amico.

IL CROSS DI DANTE SPIOVE VERSO IL CENTRO DELL'AREA DI RIGORE.

ACHILLE PRENDE LA RINCORSA E SALTA DANDOSI LA SPINTA SULLE SPALLE DI TOMMI…

COLPISCE LA PALLA DI TESTA E LA SPEDISCE IN RETE: 1-1!

La tribuna delle Cipolline finalmente esplode di gioia.

Antonio festeggia con gli amici: – Ehi, ragazzi, quel gol gliel'abbiamo insegnato noi!

I Delfini, che sentivano la vittoria in tasca, reagiscono rabbiosamente e, per la prima volta nel corso della partita, decidono di attaccare veramente. L'allenatore americano manda in campo tre giocatori freschi.

Gli ultimi dieci minuti dell'incontro diventano appassionanti: una sfida all'ultimo assalto, senza calcoli e senza paura.

Il Delfino numero 10, il più talentuoso dei suoi, si procura una punizione dal limite con uno slalom irresistibile, stroncato da un fallo di Elvira.

Spillo organizza la barriera: – Più a destra… ancora… ancora… troppo! Un passo a sinistra…

Il portiere sbatte più volte gli occhi perché sente le palpebre pesanti e ha la vista velata da una specie di polvere strana.

Il Gatto, appostato dietro la porta delle Cipolline, se ne accorge e, appena il Delfino numero 10 inizia la rincorsa, passa l'archetto sulla corda più sottile del violino.

IL SUONO STRIDULO VALE UNA SECCHIATA D'ACQUA SULLA FACCIA DI SPILLO, CHE RIACQUISTA DI COLPO LA LUCIDITÀ.

VEDE LA PALLA SBUCARE DALLA BARRIERA...

E LA INTERCETTA CON LA PUNTA DELLE DITA ALL'INCROCIO DEI PALI.

I delfini gonfiabili che stavano per guizzare di gioia restano immobili, mentre esplodono le bandiere tricolori che festeggiano la parata-capolavoro.

Ciro respinge di testa il calcio d'angolo e Achille, infaticabile, supera palla al piede la linea di centrocampo…

5
MA QUELLO
È UNO...

Dante corre a occupare la sua posizione di centravanti, ma appena arrivato nell'area americana, torna indietro con un movimento a boomerang. I due colossi difensivi lo seguono e abbandonano il cuore del fortino.

ACHILLE LANCIA MORTEN...

CHE FA PARTIRE UN CROSS TESO A MEZZA ALTEZZA.

TOMMI SI CATAPULTA IN AREA, NELLO SPAZIO LIBERATO DA DANTE E DAI SUOI MARCATORI.

SI LANCIA IN TUFFO E DI TESTA INDIRIZZA IL PALLONE DOVE IL PORTIERE NON PUÒ ARRIVARE: 2-1!

– *Superbe! Superbe!* – esulta Gaston abbracciato al fido Augusto.

La mossa del boomerang è riuscita alla perfezione.

– Hai capito, Donato, perché Gaston ha schierato centravanti il peso piuma Dante? – chiede Adam.

– Già. Non è stato un colpo di sole, ma un colpo di genio – deve ricredersi il papà del capitano.

Al fischio finale, tutti corrono ad abbracciare Spillo, che ha rischiato di diventare il responsabile di una sconfitta e invece è stato tra i protagonisti del trionfo.

– Abbiamo vinto per davvero o sto solo sognando? – chiede il portierone.

Le Cipolline scoppiano a ridere, poi corrono a festeggiare sotto la tribuna del Sydney Stadium con i propri sostenitori in un mare di bandiere tricolori.

Questa volta Spillo non ha problemi di insonnia.

Le passeggiate della giornata e soprattutto le grandi emozioni della partita contro i Delfini hanno caricato di stanchezza il portierone, che piomba in un sonno profondo appena tocca il cuscino.

Dante lo osserva con un sorriso di soddisfazione: – Problema risolto finalmente... Non passerà la notte davanti alla televisione e noi non dovremo più metterci il cotone nelle orecchie.

63

– Ti sbagli – lo corregge Tommi. – Il cotone nelle orecchie dovremo mettercelo lo stesso. Ora che dorme, tornerà a russare come un orso. Tieni…

Il numero 10 osserva Spillo che, sdraiato a pancia in giù, abbracciato al cuscino, ruggisce come un leone.

– Hai ragione, capitano. Forse era meglio se continuava a guardare i combattimenti di wrestling con il volume al massimo… – riconosce Dante, che si infila nelle orecchie le palline di cotone e si mette a letto.

La mattina seguente a colazione bastano un paio di parole per decidere il programma della giornata: Bondi Beach!

I ragazzi tornano con entusiasmo sulla splendida spiaggia a est di Sydney. Nulla di meglio di una spensierata giornata al mare in compagnia dei nuovi amici australiani per smaltire le fatiche della partita appena giocata e per prepararsi a quella successiva.

– Che ne dite di una partita a pallavolo? – propone Damon mostrando il suo pallone da volley.

– Ottima idea – approva Tamara. – Io ci sto.

– Lo sapete che su questa spiaggia si è disputato il torneo olimpico di beach volley? – domanda Todd. – Nel 2000, quando Sydney ha ospitato i Giochi.

– Accipolla, ma allora gioco anch'io! – decide Ciro, che si toglie le cuffiette dalle orecchie e si alza di scatto dal telo mare. – Quando mi ricapita di disputare una partita in un luogo olimpico?

– Formiamo squadre miste: maschi e femmine – suggerisce Antonio. – Elvira gioca con noi!

Il ragazzo australiano porge la mano alla fotografa e l'aiuta a rialzarsi.

– Che fortunata… – sospira Lara.

– Tu giochi? – chiede Dante a Teofano.

– No, grazie. Vado a fare un po' di surf con Loris – risponde l'imperatrice, che si allontana verso riva.

– Hai avuto anche tu la mia stessa impressione? – chiede Sara. – Teofano ci è rimasta male perché Antonio ha scelto per prima Elvira.

– Già, per una volta gli irresistibili occhi verdi dell'imperatrice hanno fatto cilecca – risponde Egle.

Le gemelle e la ballerina si scambiano un "Cipo-ok", poi prendono posto sul campo da beach volley.

Nathan ha portato in spiaggia il suo *didgeridoo*, lo strumento musicale tipico degli aborigeni.

– Te l'ha costruito tuo nonno Callum? – chiede il Gatto.

– Un po' le termiti, un po' il nonno… – risponde Nathan. – Le termiti hanno scavato questo ramo di

eucalipto e lo hanno svuotato all'interno. Il nonno ha tolto la corteccia, lo ha piallato e lo ha decorato con la pittura a puntini.

– È bellissimo – commenta il violinista. – Ha disegnato scene di caccia e animali, come sui boomerang che ci ha mostrato ieri.

– Sì, scene dell'epoca del Tempo del Sogno, quando il mondo è stato creato e l'uomo era felice nella natura – racconta Nathan. – Anche la musica del *didgeridoo* aiuta a tornare indietro. A tanti questo suono cupo può sembrare triste e noioso, ma per noi aborigeni non esiste una musica più allegra. Vuoi provare?

– Non so se mi ricordo ancora come si fa… – risponde il Gatto, che prende con delicatezza lo strumento musicale e se lo porta alle labbra.

Suonare un *didgeridoo* non è semplice. Non basta soffiarci dentro. Per prima cosa bisogna imparare la respirazione circolare, cioè quella tecnica che ti consente di emettere aria nel tronco cavo senza pause, in modo da produrre il caratteristico suono lungo e continuo. Come riesce alla Cipollina.

– Bravo – si complimenta Nathan. – Solo non devi schiacciare le labbra contro il legno. E puoi incamminarti con noi verso il Tempo del Sogno…

Gaston Champignon sta sorseggiando un succo di frutta all'ombra di una tettoia di paglia, comodamente seduto su una sdraio.

– Donato, ma non ti senti un po' in colpa a startene qui beato al sole, mentre la povera Lucia è al freddo di Milano, sotto la neve? – chiede Sofia.

Il papà di Tommi, che sta leggendo un libro disteso su un'amaca, risponde sereno: – Assolutamente no. Colpa sua che non ha sposato un australiano...

Adam, Eva, Violette e Augusto scoppiano a ridere.

A Gaston, che si diverte sempre un mondo alle battute di Donato, va addirittura di traverso il succo di frutta e comincia a tossire...

La partita di pallavolo prosegue combattutissima punto a punto.

La battuta al salto di Todd è una vera cannonata, ma Spillo si tuffa e riesce a intercettarla prima che tocchi la sabbia.

– Mitico! – esclama Jamila, che alza la palla per la schiacciata di Tommi.

Antonio e Ciro però saltano a braccia alzate, fanno muro e ribattono la palla nel campo del capitano.

La squadra di Antonio, Todd, Ciro, Elvira e Sara festeggia il punto schiaffeggiandosi le mani.

– Arrenditi, capitano, il muro dei giganti napoletani è insuperabile… – infierisce Ciro al di là della rete.

– Ora lo vedremo – ribatte Tommi raccogliendo la sfida.

Todd spara un'altra battuta spaventosa.

Questa volta è Damon a rispondere con un'ottima ricezione in bagher.

LA PALLA TORNA A JAMILA CHE ALZA SOTTO RETE.

IL CAPITANO PRENDE LA RINCORSA, STACCA E SALTA ALTISSIMO…

MA INVECE DI SCHIACCIARE COLPISCE CON UN DELICATO COLPO DI TESTA.

LA PALLA SCAVALCA LE MANI DI CIRO E ANTONIO…

E CADE SULLA SABBIA ALLA LORO SPALLE.

GRANDE, CAPITANO!

Tommi recupera la palla per la battuta e strizza l'occhio a Ciro: – Non conosco muri insuperabili...

Joao e Becan stanno palleggiando sul bagnasciuga. Si passano la palla senza farla cadere a terra, contando il numero dei tocchi per migliorare il record.

Il brasiliano la passa di testa e annuncia: – Trentasette!

– Trentotto! – ribatte l'albanese restituendola di coscia.

Joao la colpisce di tacco: – Trentanove!

Becan la passa di petto all'amico: – Quaranta!

– Quarantuno!

– Quarantadue!

– Quarantatré!

Dopo una serie di palleggi, Becan, sbilanciato da un'onda, colpisce male di testa e Joao non riesce a raggiungere il pallone.

– Nooo... – recrimina il brasiliano. – Ci siamo fermati a quarantanove... Ancora uno e facevamo cinquanta!

– Dai, ci riproviamo. Stavolta arriviamo fino a cento – assicura Becan.

Il pallone è rotolato tra i piedi di un gruppo di ragazzi in maglietta gialla che sta facendo footing in riva al mare, guidati dal loro allenatore.

Uno dei ragazzi, che ha un buco al posto di un dente, prende il pallone e suggerisce alle due Cipolline: – Guardate come si fa…

I ragazzi si mettono in circolo e cominciano a passarsi la palla al volo, di testa e di piede, contando a voce alta. Arrivati a cinquanta, il ragazzo senza un dente calcia il pallone in mare con un sinistro potente e gli amici scoppiano a ridere.

– Se volete imparare altro, venite a vederci allo stadio di Sydney – consiglia lo sdentato. – Siamo le Stelle di Bahia e partecipiamo alla Master Gol Cup.

– Io non ho niente da imparare – ribatte Joao con orgoglio. – Anch'io sono brasiliano e anch'io partecipo alla Master Gol Cup.

– In che squadra giochi? – chiede un ragazzo in maglia gialla.

– Nelle Cipolline di Milano – risponde Joao.

– In Italia! – esclama lo sdentato. – Ecco perché ti sono venuti dei piedi da difensore…

I compagni di squadra scoppiano tutti a ridere.

L'allenatore soffia nel fischietto e i ragazzi di Bahia riprendono la corsa sul bagnasciuga.

– Simpatici i tuoi amici… – commenta Becan, che recupera il pallone spinto a riva dalle onde.

– Sbruffoni... – taglia corto Joao. – Guarda, il Gatto e Nathan stanno entrando in acqua con le tavole! Andiamo anche noi a fare un po' di surf?

– Meglio di no, io sono negato – risponde l'ala destra albanese. – Resto qui a guardarvi.

Il brasiliano corre a prendere la sua tavola da surf, si lega alla caviglia il cordino che serve per recuperarla, si tuffa in mare e comincia a nuotare verso il largo, dove si trovano già Teofano, Loris, il Gatto e Nathan.

– Ciao, ragazzi, com'è oggi? – chiede il piccolo brasiliano.

– Ci sono onde fantastiche! – risponde il codino entusiasta. – Ci stiamo divertendo un mondo! Guarda quella che sta arrivando... Preparati, cavalchiamola insieme!

Joao aspetta l'onda, dà qualche bracciata verso riva e al momento giusto si alza in piedi sulla tavola, allargando le braccia per restare in equilibrio e spostando il peso del corpo per pilotare il surf sulla cresta dell'onda. Gli sembra di volare sul mare e di essere lanciato a rete in un'azione travolgente con il codino al suo fianco. Le due Cipolline si superano, si incrociano e, a pochi metri dalla riva, quando l'onda perde forza, si tuffano in mare.

– Non è uno spettacolo? – chiede Loris.

– Di più! – risponde Joao, eccitatissimo. – Rifacciamolo…

I due si sdraiano con la pancia sulla tavola e nuotano contro le onde per tornare al punto di partenza. Arrivati al largo, si siedono a cavalcioni del surf in attesa dell'onda buona da cavalcare.

– Quella! – indica Joao.

– No, aspetta, prendiamo quella dietro che è più grossa – suggerisce il codino.

– Ok, quella, allora! – approva il brasiliano preparandosi a cavalcarla.

Joao è il primo a mettersi in piedi e a guidare la tavola verso la riva.

Dopo le prime curve sulla parete di schiuma, sente la voce di Loris che urla qualcosa che ha a che fare con la parola "squalo". Pensa che si tratti di una sfida del codino, e nell'eccitazione della volata tra le onde ribatte urlando: – Mi spiace, Squalo, arrivi secondo anche questa volta!

Poi però si accorge con la coda dell'occhio che nella scia della sua tavola si sta avvicinando la pinna vera di uno squalo…

6
UN KOALA
TRA I PALI

Joao prova a cambiare bruscamente direzione come farebbe in campo per seminare un terzino che gli sta alle calcagna, ma lo squalo non abbocca alla finta.

I surfisti che si sono accorti del pericolo lanciano l'allarme e urlano per avvisare chi è in acqua, i bagnini a riva fischiano per richiamare fuori i bagnanti.

POI ALL'IMPROVVISO UN SURF SFRECCIA TRA LA CIPOLLINA E LO SQUALO, SFIORANDOGLI LA PINNA.

L'ANIMALE EMERGE DALL'ACQUA TANTO CHE JOAO RIESCE A VEDERNE I DENTI AGUZZI.

POI CAMBIA DIREZIONE E S'IMMERGE ALL'INSEGUIMENTO DELLA TAVOLA.

Il ragazzo aborigeno s'impenna su un'onda come su una rampa da skateboard, compie un'acrobazia in cielo per togliere il riferimento allo squalo e con un paio di fulminee sterzate raggiuge la riva, mentre la pinna del pescecane si rimpicciolisce lentamente allontanandosi verso l'orizzonte.

– Tutto bene, Joao? – chiede Gaston, accorso sul bagnasciuga con gli altri adulti e le Cipolline.

– Credo di sì – risponde il brasiliano, che ha ancora il fiatone per lo spavento e per la volata sulle onde. – Non ci fosse stato Nathan, probabilmente avrei fatto da spuntino per lo squalo. Grazie, Nathan…

Anche il Gatto si complimenta con l'amico australiano: – Sei stato grande davvero.

Nathan sorride: – Gli animali conoscono gli aborigeni da oltre cinquantamila anni e ricordano come stavamo bene all'epoca del Tempo del Sogno, per questo ogni tanto ci ascoltano e ci vengono dietro…

– Non sapevo che ci fossero gli squali – osserva Becan.

– In realtà era da molti anni che uno squalo non attaccava un surfista a Bondi Beach – racconta un bagnino. – Ma in passato è successo più volte e purtroppo qualche volta è finita male. Negli ultimi anni però i pescecani si sono tenuti al largo dalla riva, anche grazie alle reti che sono state piazzate per limitare l'accesso alla baia.

Ora che il pericolo è passato, si può scherzare sull'accaduto.

Come fa Spillo con Loris: – Mi spiace per voi Squali, anche stavolta siete rimasti a bocca asciutta. Vi capita sempre quando incrociate delle Cipolline…

Alla sera adulti e ragazzi estraggono dagli armadi i vestiti più eleganti portati dall'Italia e si preparano per l'appuntamento di gala del soggiorno a Sydney: il balletto alla prestigiosa Opera House.

Gaston Champignon ha avuto una bella idea: invitare a teatro anche Antonio e i suoi amici australiani per ringraziarli della loro squisita ospitalità e premiare la coraggiosa generosità di Nathan che ha affrontato uno squalo per aiutare una Cipollina in difficoltà.

TEOFANO

Dante si toglie gli occhiali e se li pulisce con il fazzoletto per ammirare meglio Teofano che scende le scale dell'albergo come una diva del cinema, ben sapendo che tutte le altre Cipolline sono già nella hall e la stanno osservando. Indossa un abito lungo, verde, dello stesso colore dei suoi occhi, puntellato di paillettes.

– Accipolla, che splendore… – commenta il numero 10 a bocca aperta. – Sembra una sirena…

– Mi sa che stasera l'imperatrice ha deciso di dare l'assalto finale al bell'Antonio – osserva Bruno.

– Beato lui… – sospira il numero 10.

Anche Adam ed Eva sono elegantissimi. Il proprietario della palestra *KombAttiva* indossa un frac con farfallino bordeaux sulla camicia bianca, mentre la bellissima dea delle tisane è in abito lungo, rosso, con scialle nero.

– Ti ricordi, Gaston, quando eravamo belli così? – chiede la signora Sofia, ammirandoli.

– Ma noi *siamo* belli così – precisa Champignon stuzzicandosi il baffo destro.

– Oh, mio Gaston… – sorride l'ex ballerina prendendo a braccetto il marito.

L'Opera House non dista molto dall'albergo delle Cipolline, raggiungerla a piedi ammirando gli eleganti profili della baia di Sydney, nella tiepida temperatura della sera, è una piacevole passeggiata.

E ancora più piacevole è ritrovarsi davanti all'architettura inconfondibile dell'Opera House, formata da una serie di gusci bianchi che, in lontananza, sembrano vele pronte a salpare.

– Sarà per quel che mi è successo oggi, ma a me quelle cupole sembrano pinne di squalo... – commenta Joao.

Elvira scatta foto su foto. Tutti vogliono farsi riprendere sullo sfondo della più famosa costruzione di Sydney.

– Lo spettacolo di stasera si terrà nel teatro che può ospitare più di millecinquecento spettatori, – spiega ancora Dante – ma l'Opera House contiene anche una sala concerti per duemilasettecento persone. Tra sale, salette e uffici vari sotto queste piastrelle bianche ci sono ben mille locali. Non lo diresti mai, a osservarlo dall'esterno. Anche questo è il capolavoro dell'architetto che l'ha costruito. Mi sembra di avervi raccontato tutto.

– No – lo corregge Morten. – Manca una cosa: l'architetto che ha ideato questo capolavoro è danese come me!

– Ecco Antonio e i ragazzi! – avvisa Ciro.

Dopo lo scambio di saluti, il gruppo Cipolline si avvia verso l'ingresso del teatro. Antonio incrocia Teofano e si complimenta per l'eleganza del vestito verde: – Sei una vera imperatrice…

Teofano, che si aspettava parole del genere, ringrazia con un inchino e un sorriso compiaciuto, ma cambia immediatamente espressione perché il ragazzo italo-australiano saluta con un bacio sulla guancia Elvira e le chiede: – Posso sedermi accanto a te? Sai, io di balletti non ci capisco niente… Sono sicuro che tu invece puoi spiegarmi qualcosa.

Gli occhi dell'imperatrice tornano gelidi come il ghiaccio.

Si spengono le luci in sala, si apre il sipario e parte la musica.

– Voglio segnarmi il numero di questa poltrona – sussurra Tommi. – Quando tornerò per vederti ballare all'Opera House, voglio sedermi allo stesso posto.

Egle sorride senza staccare gli occhi dalla scena e stringe la mano del capitano.

Il giorno seguente, vigilia della partita contro il Real Sydney, Gaston Champignon sceglie un programma rilassante come aveva fatto per la prima partita con la visita ai giardini botanici.

Questa volta propone una gita allo zoo di Sydney.

In un primo momento, Bruno, appassionato di animali, si oppone: – Gli zoo sono prigioni. Io non ci vengo! Gli animali devono restare liberi e chi paga un biglietto per vederli in gabbia è complice!

Poi però Dante gli fa capire che il Taronga Zoo è uno zoo particolare: – Innanzitutto è molto grande e poi ospita quasi solo animali australiani che stanno perciò nel loro habitat, con ampi spazi a disposizione, e vengono trattati in modo assolutamente naturale.

Bruno, anch'io penso che chiudere in gabbia una tigre indiana, al centro di una città inquinata, con temperature sotto zero, sia una tortura. Ma qui vedremo canguri e koala australiani che stanno a casa loro, nel loro clima, e hanno un pasto assicurato tutti i giorni... Sinceramente mi dispiacerebbe lasciare l'Australia senza aver visto un canguro.

– Io voglio assolutamente vedere un koala! – esclama Tamara. – Sono troppo simpatici...

Alla fine il buon Bruno si lascia convincere.

E così dal traghetto che attraversa la baia di Sydney le Cipolline possono ammirare la più spettacolare visuale della città, quella che compare nelle cartoline: il profilo dei grattacieli più moderni, l'Harbour Bridge, il vecchio ponte ad arco che gli australiani chiamano "attaccapanni", l'Opera House...

Elvira scatta foto su foto.

– Avete notato, ragazze? – chiede Sara. – Antonio sta sempre appiccicato alla nostra fotografa. Prima l'ha voluta nella sua squadra di beach volley, poi si è seduto accanto a lei a teatro, ora la marca stretta come faccio io con gli attaccanti...

– Già. L'imperatrice non mi sembra che abbia preso bene la sconfitta – commenta Egle.

80

– Cipolline-poeti di strada 1-0! – esclama Sara.

– Una cosa non capisco: Elvira non mi sembra badare più di tanto alle attenzioni di Antonio – commenta Lara. – Non l'ho mai sentita dire: «Com'è carino Antonio». Noi lo diciamo ogni cinque minuti…

Le tre amiche ridacchiano divertite.

– In realtà io credo che Antonio le piaccia molto, ma non lo vuole ammettere per non farsi prendere in giro. Vedrete che troverò le prove… – promette Sara.

Il protagonista indiscusso della visita allo zoo di Sydney è il simpaticissimo koala, il "piccolo orso" dalle orecchie tonde e pelose e dagli occhi vivacissimi.

Per la gioia di Tamara, le Cipolline possono avvicinare qualche esemplare e scattare foto con loro. I pochi esemplari svegli…

I koala infatti sono dei gran dormiglioni e dei gran pigroni, come spiega Bruno: – Possono dormire anche diciannove ore al giorno. Come vedete, si arrampicano su un albero di eucalipto, si incastrano in una biforcazione dei rami e si addormentano. Quando si svegliano, mangiano le foglie di eucalipto, il loro piatto preferito, così non devono neppure spostarsi. I koala passano la maggior parte della loro vita da fermi o addormentati.

– L'altro giorno ho visto un koala che si è seduto contro il palo della nostra porta e si è addormentato, mentre gli avversari ci facevano gol – commenta Donato.

Scoppiano tutti a ridere. Anche Spillo…

Alle nove di sera, in albergo, viene allestito un piccolo studio televisivo e le Cipolline si collegano con il *Master Gol Show* per la registrazione della puntata che andrà in onda in prima serata in Italia.

Ora a Milano sono le undici di mattina.

– Signore e signori, ragazzi e bambini, marziani e alieni, benvenuti a una puntata speciale del *Master Gol Show* – saluta Paolo. – In collegamento mondovisione con l'Australia abbiamo i nostri piccoli-grandi campioni che hanno vinto un'altra partita e sono a un passo dalla finalissima mondiale! Spediamogli un mega applauso che scavalchi l'oceano e arrivi fino dall'altra parte del mappamondo! Coraggio! Più forte! Se lo sono meritato!

Gli spettatori seduti sulle tribune dello studio milanese si alzano in piedi, applaudono e intonano il mitico coro della squadra di Gaston: – Cipolline olé olé! Siete meglio di Pelé!

Le Cipolline, raccolte nella sala dell'albergo di Sydney, ascoltano divertite.

Il presentatore riprende la parola: – Prima di scoprire la formazione che scenderà in campo contro il Real Sydney, voglio mostrarvi delle immagini eccezionali che ci ha spedito il nostro Moreno dall'Australia. Immagini che ci hanno fatto venire la pelle d'oca e che per fortuna hanno avuto un lieto fine. Prima ve le mostro, poi le commentiamo insieme alle Cipolline.

Sullo schermo si vede Joao sulla tavola da surf, inseguito dallo squalo, che si mette in salvo dopo alcune acrobazie sulle onde.

– Voglio parlare subito con Joao – chiede il presentatore. – Sei tutto intero? Tutto a posto?

– Tranquillo, Paolo, sto benissimo – assicura il piccolo brasiliano. – Sono abituato a essere braccato dai difensori. Ma è bastata una finta di corpo e l'ho mandato a sbattere. Noi brasiliani dribbliamo anche gli squali…

– Avete capito qual è lo spirito delle Cipolline? – domanda il presentatore fissando la telecamera. – Per questo hanno vinto tanto. Ma ora riepiloghiamo la situazione. La squadra di Gaston ha sconfitto per 2-1 i Delfini di Miami, che hanno perso con lo stesso risultato anche contro il Real Sydney. Significa che la prossima

partita sarà un vero spareggio: chi vincerà volerà dritto in finale, dove sono già arrivati i brasiliani dell'Estrela Bahia che hanno vinto con un doppio 3-0 i loro due incontri.

– I simpaticoni che correvano in spiaggia ci stanno aspettando in finale – sussurra Becan.

– Dobbiamo arrivarci anche noi – risponde Joao.

Paolo si collega con lo studio di Sydney: – Caro Gaston, mi senti? Ti arriva tutta la mia invidia? Io sono qui al freddo, sotto la neve, tu te la spassi in spiaggia in piena estate…

– La tua invidia ci arriva forte e chiara! – conferma il cuoco-allenatore stuzzicandosi il baffo destro. – Un saluto a tutti!

– Sei pronto a svelarci i nomi degli undici titolari che contro i padroni di casa del Real Sydney andranno a caccia della finalissima? – chiede il presentatore con gli occhialini. – Questa volta, essendo la trasmissione registrata, gli amici da casa non potranno votare. Nessuno cambierà la tua formazione.

– Prontissimo – assicura Champignon. – In porta, il Gatto…

7
LA RIVOLUZIONE DI GASTON

– Terzini Pavel e Igor – prosegue Gaston. – Al centro della difesa Elvira e Jordi. In mediana Bruno e Tamara. Loris centravanti e alle sue spalle Hernan, Rafa e Morten.

– Ma è una rivoluzione! – esclama Paolo stupito. – Ti giochi la partita più importante della storia delle Cipolline quasi senza titolari? Mi viene il sospetto che tu non abbia messo il cappellino in spiaggia…

– Tranquillo, non ho preso nessun colpo di sole – assicura il cuoco-allenatore. – In questi mesi ti ho sempre spiegato che siamo un fiore. Conosci fiori con petali titolari e petali riserve? Nelle Cipolline sono tutti titolari, ma per dimostrarlo è giusto che chi gioca di meno e magari ha un po' meno talento disputi anche le partite più importanti. Altrimenti vorrebbe dire che non mi fido di loro. Tutto qui. Ti sembra giusto che abbia fatto fare un viaggio di trenta ore a

dei ragazzi senza mai mandarli in campo? Ora tocca
a loro divertirsi.

– Mi hai convinto, caro Gaston. Sei un bravo allenatore – commenta Paolo. – Anzi, ti dirò di più. Vorrei
che i miei figli trovassero sempre allenatori come te.

Terminato il collegamento con Milano, le Cipolline
si ritirano nelle loro stanze.

– Te l'aspettavi, capitano, una formazione così? –
chiede Dante.

– No, sinceramente no – riconosce Tommi.

– Per me stavolta Gaston ha esagerato – osserva
Spillo. – Ok, siamo tutti titolari, siamo un fiore, però
è anche vero che abbiamo faticato tanto per arrivare
fino a qui e sarebbe stato giusto giocarci la partita
più importante al massimo delle nostre possibilità.

– Anche Pavel e Igor hanno faticato tanto – ribatte
Tommi. – Non si sono allenati meno di noi.

– È vero, ma dimmi la verità, capitano: ti sembra
giusto che domani, nella partita che vale la finalissima,
giochi Loris, uno Squalo, uno che ci ha presi in giro,
al posto tuo, che hai fondato la squadra? – chiede
Dante. – Dimmi cosa pensi davvero…

Tommi guarda fuori dalla finestra, verso la baia

di Sydney, e risponde: – No, non mi sembra giusto.

In quel momento bussano alla porta ed entrano Achille, le gemelle, Joao, Becan, Ciro...

– Possiamo entrare? – chiede Sara.

– Se è per la formazione, ne stiamo discutendo anche noi – spiega Spillo.

– Noi ne abbiamo già discusso – annuncia Achille rivolto a Tommi. – E abbiamo deciso che dovresti andare a parlarne con Champignon.

– Ma io non sono solo il vostro capitano – fa notare Tommi. – Sono anche il capitano degli undici titolari di domani.

– Tu, prima di tutto, sei il capitano delle Cipolline – insiste Ciro. – E devi pretendere che l'allenatore metta la squadra nelle condizioni migliori per vincere. Domani non lo sarà.

Tommi torna alla finestra e guarda ancora verso il vecchio Harbour Bridge, "l'attaccapanni", senza dire nulla.

– Andrai da Gaston? – chiede Achille.

– Ora ci penso – risponde il capitano. – Voi tornate nelle vostre stanze, cerchiamo di riposare. Domani ci aspetta una partita tosta e a molti di noi toccherà giocarla. All'inizio o alla fine. Buonanotte.

87

La stanza si svuota.

Spillo e Dante si mettono a letto. Tommi s'infila la tuta, esce dalla stanza e raggiunge quella di Champignon. Alza il braccio per bussare alla porta, ma ferma la mano a metà strada. Riflette per qualche secondo, poi decide di tornare indietro. Nel corridoio incrocia il cuoco-allenatore.

– Ciao, capitano. Qualcosa non va? – domanda Gaston. – Sei venuto a cercarmi, per caso?

– No, tutto bene – assicura Tommi. – Ero solo venuto a vedere se trovavo in giro papà, mi ero dimenticato di dirgli una cosa. Ma posso dirgliela anche domani. Buonanotte, mister.

– Buonanotte, capitano.

La tribuna centrale del Sydney Football Stadium è irriconoscibile.

Nella partita precedente era solamente macchiata dalle tifoserie delle Cipolline e dei Delfini, ora è completamente affollata da australiani che sostengono i ragazzi di casa con una carica incredibile. Tamburi e trombette stridule dettano il tempo dei cori e delle canzoni.

– Accipolla, siamo finiti nella tana del leone –

commenta Rafa, che con la fascia di capitano al braccio guida le Cipolline al centro del campo.

Appena le due squadre si dispongono fianco a fianco balza subito all'occhio la differenza: i ragazzi australiani sono più alti e più grossi.

Tommi, in panchina, lo nota subito: – Giochiamo contro una squadra di calcio o di football australiano?

Il Real Sydney, che indossa una casacca a strisce verticali gialle e verdi, si schiera con lo schema 4-4-2.

Le Cipolline, come annunciato da Champignon durante il *Master Gol Show*, partiranno con questi titolari, disposti con il modulo 4-2-3-1:

Gatto

Pavel   Jordi   Elvira   Igor

Tamara   Bruno

Hernan   Rafa   Morten

Loris

Come era prevedibile, il Real parte forte, trascinato

89

dai suoi tifosi scatenati, e cerca di imporre subito la maggiore potenza atletica. Il numero 14 e il numero 88, in particolare, trascinano in attacco palloni su palloni, due piccoli trattori inarrestabili che vanno su e giù per il campo.

Sono grandi e grossi anche i due attaccanti che vengono raggiunti dai lanci lunghi dei compagni. Le due torri o vanno direttamente al tiro di testa o fanno sponda per un centrocampista che si inserisce per concludere.

Gli schemi del Real Sydney finiscono qui. Anzi, *lo* schema: palla lunga ai due pennelloni offensivi.

Per il resto è una lotta continua a spallate, contrasti e scivolate per la conquista del pallone. Un gioco più fisico che tecnico che appassiona il pubblico australiano, abituato a vedere rugby e football. I tifosi esultano e applaudono per un'entrata dura che lascia a terra una Cipollina, come noi potremmo esaltarci per un colpo di tacco o per un bel passaggio filtrante.

Le Cipolline, che non sono abituate a questo stile di gioco, vanno subito in difficoltà, anche perché l'arbitro considera regolari delle entrate da rugby che in Italia fischierebbero subito.

Quest'azione del numero 9, per esempio.

SALTA, SI APPOGGIA CON IL GOMITO SULLA SCHIENA DI ELVIRA E INCORNA DI TESTA.

IL GATTO SCHIZZA COME UNA MOLLA E ALZA DI PUGNO IL PALLONE CHE STAVA INFILANDOSI SOTTO LA TRAVERSA.

Oppure questa manata del numero 88 che fa rotolare a terra Bruno in piena corsa. Il gialloverde arriva lanciato fino al limite dell'area e spara un diagonale pericolosissimo che sfiora il palo e termina sul fondo.

È irregolare anche lo stacco del numero 5 che trattiene per la maglia Jordi, prima di saltare e girare di testa verso la porta un pallone spiovuto dal calcio d'angolo.

Il Gatto questa volta è battuto, ma Igor salva sulla linea di porta.

Le tre limpide occasioni da gol nei primi dieci minuti accendono ancora di più la scatenata tifoseria del Sydney Stadium e danno ulteriore sicurezza ai ragazzi di casa.

Ma, nonostante i pericoli corsi, le Cipolline combattono senza paura e senza arretrare di un centimetro, compensando con la grinta la minore prestanza fisica.

Se ne accorgono presto anche le Cipolline in panchina.

— Pavel e Igor non mollano niente sulle fasce — commenta Sara.

— È vero, stanno disputando un partitone — concorda Lara.

— Anche Tamara e Bruno — aggiunge Achille. — Hanno ballato un po' all'inizio, ma ora hanno steso una diga davanti alla difesa e non passa più nessuno.

— E guarda il codino come rincorre gli avversari! — indica Tommi. — Non l'ho mai visto sacrificarsi così tanto per la squadra.

L'amarezza per la panchina è ormai dimenticata.

Più passano i minuti, più le Cipolline a bordocampo si appassionano per la prova dei compagni in campo.

A metà tempo la partita è tornata in equilibrio e la maggior qualità tecnica della squadra italiana comincia a farsi sentire.

Un'azione da manuale!

Tommi e l'intera panchina delle Cipolline scattano in piedi per festeggiare il gol dei compagni che vale la finalissima della Master Gol Cup.

I sostenitori australiani non fanno una piega. Continuano a cantare e a incitare i ragazzi di casa, come se non fosse successo nulla.

La rabbia del Real si scarica in una punizione spaventosa del numero 14, che buca la barriera delle Cipolline. Il Gatto vede spuntare la minaccia all'ultimo momento e con un balzo felino dei suoi riesce a spingere il pallone in calcio d'angolo.

Nathan, seduto in tribuna con il suo *didgeridoo* appoggiato sulle gambe, applaude la prodezza dell'amico italiano.

Bruno questa volta fa partire Hernan sulla fascia destra.

L'argentino, che prima della partita si è tatuato un koala sulla pancia, salta un avversario con un doppio passo, ne aggira un secondo in corsa e, arrivato al limite dell'area, ferma la palla sotto la suola.

Davanti a lui si è piazzato il colossale numero 5, che studia il momento migliore per strappare la palla alla Cipollina.

Per qualche secondo i due restano immobili uno di fronte all'altro, come in un duello western. Poi Hernan capisce cosa deve fare…

Chi l'avrebbe detto che le Cipolline, senza tanti titolari, avrebbero disputato un partitone del genere?

In spogliatoio, durante l'intervallo, Tommi, Dante, Spillo e gli altri panchinari riempiono di complimenti i compagni e distribuiscono a tutti le bottigliette d'acqua. Nonostante l'orario serale, la temperatura è ancora vicina ai trenta gradi e l'umidità è molto alta.

– Bravi, ragazzi, stiamo giocando la partita perfetta e dobbiamo continuare così – si raccomanda Gaston. – Dobbiamo combattere su ogni pallone, metterci la grinta che ci mettono loro anche se siamo meno potenti. Dobbiamo giocare da australiani e al momento giusto batterli da italiani! Con la tecnica che abbiamo solo noi.

– Solo che io non ho i muscoli che hanno gli australiani… – fa notare Tamara, sdraiata su una panchina. – Sono stanchissima…

– Non preoccupatevi, ora farò molti cambi – promette Gaston. – Le forze non ci mancheranno. L'importante è che non ci manchi lo spirito del primo tempo.

Il cuoco-allenatore rinnova completamente le fasce, cambiando terzini e ali. Toglie anche Elvira e Tamara, rimpiazzandole con Ciro e Achille. Si fermano anche

Rafa e Loris, che ha corso tantissimo al servizio della squadra.

Questo il nuovo assetto delle Cipolline a inizio ripresa:

Gatto

Sara   Ciro   Jordi   Lara

Achille   Bruno

Becan   Dante   Joao

Tommi

Nel piccolo settore dei tifosi delle Cipolline regna l'ottimismo.

– Quando ho letto la formazione, ho pensato che Gaston si fosse dimenticato di coprirsi la testa in spiaggia – confessa Donato. – Invece alla fine ha sempre ragione lui...

– Già – concorda Adam. – Anche in questo caso, colpo di genio di Champignon, e non colpo di sole... Nel primo tempo ha schierato i giocatori più freschi

per stancare gli australiani. Nel secondo metterà in cassaforte la finalissima grazie alla classe dei titolari.

Invece non tutto si rivelerà così semplice come previsto da Adam.

E l'espressione perplessa che rimane sul teschio dello scheletro Aiuto si dimostrerà purtroppo giustificata.

8
LA CASCATA
DI DANTE

Le gemelle entrano con gli occhi giusti, da tigre, e non fanno passare neppure uno spiffero d'aria sulle fasce laterali.

Con Achille al posto di Tamara, gli scogli davanti al fortino del Gatto sono ancora più solidi.

Per una ventina di minuti le Cipolline conservano il controllo assoluto della partita e gli australiani, che hanno speso tantissimo nel primo tempo senza ottenere nulla, danno i primi segnali di sconforto.

Ma inaspettatamente il vento comincia a girare…

Gaston si tocca il baffo sinistro una prima volta quando Joao, fischiatissimo, palleggia il pallone, se lo incolla alla fronte e scatta sulla fascia sinistra come una foca da circo.

Si stuzzica una seconda volta il baffo della preoc-cupazione quando Dante, che potrebbe servire sulla destra il liberissimo Becan, si complica la vita con

un inutile colpo di tacco che spiazza Achille e lancia involontariamente il numero 9. Bravissimo il Gatto a scegliere il tempo giusto per l'uscita a valanga.

La terza leggerezza è quella fatale…

CIRO RICEVE UN RETROPASSAGGIO DI BRUNO…

E SENZA CONTROLLARE CHI C'È ALLE SUE SPALLE, APRE LE GAMBE PER FAR SFILARE IL PALLONE FINO AL GATTO.

MA ALLE SUE SPALLE C'È IL NUMERO 9 GIALLOVERDE CHE INTERCETTA IL PALLONE…

AGGIRA IL PORTIERE E APPOGGIA LA PALLA IN RETE: 2-1!

È il gol che riapre una partita che, dopo il primo tempo, sembrava chiusa come un'ostrica.

I tamburi e le trombette del Sydney Stadium scatenano l'inferno, il Real ritrova di colpo le energie che credeva di avere esaurito.

Le Cipolline sembrano impietrite dalla paura di subire il secondo gol.

Spillo prova a rianimarle dalla panchina con qualche urlaccio dei suoi: – Sveglia, Cipolline! Sembrate undici koala! Sveglia!

Dante, in piena confusione, non riesce a controllare un solo pallone, travolto dalla corsa e dal fisico dei centrocampisti australiani.

La difesa italiana vive gli ultimi minuti sotto assedio.

Il Gatto, prodigioso, respinge con le gambe e con il corpo due conclusioni ravvicinate e consecutive. Un mezzo miracolo.

Ma il violinista non può nulla quando il gigante numero 88 sale in cielo come un giocatore di football, ben oltre le spalle di Achille, e incorna all'incrocio dei pali un corner battuto da destra: 2-2!

Quando l'arbitro fischia la fine del secondo tempo, Tommi si porta le mani nei capelli con un gesto di sconforto: che occasione hanno sprecato le Cipolline… Avevano la finale in tasca e ora è tutto da rifare.

Il regolamento della Master Gol Cup non prevede

101

tempi supplementari. Si procede subito ai calci di rigore.

Gaston Champignon, da buon psicologo, evita di rimproverare gli errori commessi nel secondo tempo. Si aggira tra i suoi calciatori, si complimenta con tutti e cerca di leggere nei loro occhi chi ha lo spirito giusto per calciare i rigori più importanti nella storia delle Cipolline.

Alla fine sceglie Dante, Joao, Becan, Achille e Tommi.

Il primo a presentarsi dal dischetto è il numero 10. Sceglie una rincorsa breve.

Si avvicina al pallone a piccoli passi e lo calcia di sinistro, in diagonale, sparandolo nell'angolino: 1-0.

Il numero 88 calcia di potenza, centrale. Il Gatto, che si è buttato sulla sua destra, sfiora soltanto la palla con un piede: 1-1.

Joao si prende un rischio enorme. Mira l'incrocio dei pali con il suo sinistro magico. Il pallone colpisce l'interno del palo e scivola in rete: 2-1.

Il numero 9 rallenta leggermente la corsa, senza interromperla, per controllare le intenzioni del portiere e calcia nell'angolo opposto al volo del Gatto: 2-2.

Achille calcia di potenza dal basso all'alto. Il portiere, che si è lanciato verso l'angolino di sinistra, è fuori causa, ma la palla sbatte contro la faccia interna della traversa, rimbalza sulla linea di gesso e rotola fuori: sempre 2-2.

Un boato di gioia accoglie l'errore dell'ex bullo che resta per qualche attimo accovacciato sulle ginocchia, piegato dalla delusione.

Il Gatto intuisce la conclusione del numero 10, ma riesce solamente a sfiorare il pallone che tocca il palo e rotola in rete: 3-2.

Il rigore di Becan, secco e angolato, è perfetto e non lascia scampo: 3-3.

Il capitano gialloverde prende una lunga rincorsa. Commette l'errore di calciare con il corpo troppo all'indietro, la palla s'impenna sopra la traversa: ancora 3-3!

Ora tocca al capitano delle Cipolline.

Tommi finge il tiro di potenza, ma all'ultimo momento rallenta la corsa e infila la punta del piede sotto la palla che s'impenna, curva nell'aria e spiove in rete dopo aver scavalcato il portiere che si è tuffato invano.

Un cucchiaio perfetto: 4-3.

Ultimo tiro per il Real Sydney: se il numero 14

farà gol si procederà a oltranza, altrimenti saranno le Cipolline a raggiungere in finale l'Estrela Bahia.

Il Gatto si sistema al centro dei pali, si piega leggermente sulle ginocchia pronto a tuffarsi, allarga le braccia e in quell'attimo, a sorpresa, nel silenzio assoluto dello stadio, sente arrivare dalla tribuna il suono cupo e continuo del *didgeridoo* di Nathan.

Il portiere chiude gli occhi e si concentra su quel suono magico che esce dal ramo di eucalipto, convinto che possa arrivargli in qualche modo un suggerimento prezioso.

Non li riapre neppure quando sente il fischio dell'arbitro e riconosce i passi della rincorsa del ragazzo australiano.

Senza averlo deciso, seguendo solo l'istinto, il Gatto si ritrova in volo. Riapre gli occhi e vede il pallone in viaggio verso i suoi guanti. Lo blocca sicuro e lo riporta a terra, poi lo solleva verso il cielo come un trofeo, mentre i compagni di squadra gli corrono incontro per festeggiarlo.

L'arbitro fischia la fine della partita: le Cipolline hanno battuto il Real Sydney e disputeranno la finalissima della Master Gol Cup contro i brasiliani dell'Estrela Bahia!

La festa per la vittoria si sposta dal campo agli spogliatoi e all'albergo del Darling Harbour. Appena entrano nella hall, le Cipolline scoprono infatti una piacevole sorpresa: trovano un grande striscione steso tra due lampadari con la scritta *Benvenuti in finale!* e il personale dell'hotel schierato in parata che applaude.

– Accipolla, questa sì che è un'accoglienza! – esclama divertito Rafa.

Il direttore dell'albergo si congratula personalmente con Champignon: – Abbiamo seguito la partita per televisione, su un canale australiano. Complimenti per la bella gara. Per noi è un onore ospitarvi nel nostro hotel.

Gaston si liscia il baffo destro e risponde: – Per noi è un vero piacere essere trattati con tanta cortesia. Grazie davvero da parte di tutte le Cipolline…

– Se gradite, ho fatto preparare un buffet in quel salone – informa il direttore. – Ho immaginato che dopo la dura battaglia, i suoi eroi avessero un po' di appetito…

– Ha immaginato benissimo, signore! – esclama Spillo. – Ora capisco perché l'hanno nominata direttore. Lei dev'essere un tipo dalle idee brillanti.

105

Gaston e il responsabile dell'albergo scoppiano a ridere.

Il portierone annuncia ai compagni: – Seguite il koala Spillo, amici! Vi porto a mangiare la pappa...

Dopo la cena, le Cipolline, stanchissime e stremate dalle emozioni forti della giornata, si ritirano subito nelle stanze.

Al momento di spegnere la luce, Tommi fa notare ai due amici del cuore: – Non so se vi siete accorti che le presunte riserve hanno vinto il primo tempo contro il Real Sydney per 2-0, mentre noi, presunti titolari, lo abbiamo perso per 2-0.

– Certo che ci ho fatto caso – risponde Dante.

– Toglimi una curiosità, capitano – chiede Spillo. – Ieri sera, quando sei andato nella stanza di Gaston, cosa ti ha detto?

– Nulla, perché non ho bussato alla porta – confessa Tommi.

– E perché? – domanda il portiere.

Il capitano risponde: – Perché ho pensato: se Gaston ha preso tre amici, di cui due, voi due, che non sapevano neanche come fosse fatto un pallone e ha costruito una squadra che è arrivata a disputare le finale di un torneo mondiale, vuol dire che di calcio ne capisce molto più di noi. E quindi è giusto rispettare le sue decisioni.

– Infatti ha avuto ragione lui – conclude Dante.

– Buonanotte – saluta Spillo.

– Buonanotte – ripete il capitano, e spegne la luce.

La mattina seguente Gaston Champignon lascia la sveglia libera per permettere ai ragazzi di recuperare le energie dopo la durissima battaglia contro i giganti di Sydney e prepara un programma rigenerante che Dante accoglie con entusiasmo e spiega a tutta la squadra durante la colazione.

– Ragazzi, oggi andiamo a visitare un paradiso naturale unico al mondo, a due ore da qui: le Blue Mountains! – annuncia il numero 10.

Nessuno reagisce con troppo entusiasmo…

– Vuoi dire che invece di andare a divertirci sulla spiaggia di Bondi Beach ci becchiamo due ore di pullman per osservare degli alberi? – domanda Achille.

– Be', non è esattamente così… – precisa Dante. – Ammireremo panorami mozzafiato, faremo passeggiate su sentieri spettacolari, potremo anche fare il bagno nelle cascate e prendere una funivia sospesa nel vuoto…

– Così la cosa diventa più interessante – riconosce Becan.

– Se le Blue Mountains sono state dichiarate Patrimonio dell'Umanità, cioè una delle cose più belle della terra, una ragione ci sarà – aggiunge il numero 10. – Non vi sto portando alla montagnetta del parco Lambro…

– Però scordatevi che io salga su qualcosa che si stacca da terra per più di mezzo metro – informa Spillo. – A me vengono le vertigini anche se salgo in piedi su una sedia…

– Tutti nella hall tra mezz'ora pronti a partire! – conclude Dante.

Sul pullman che trasporta in gita la comitiva Cipolline, il numero 10 lascia volentieri il ruolo di Cicerone a Nathan, che sa tutto sulla fauna e sulla flora dell'Australia.

– Perché si chiamano Blue Mountains? – chiede Jordi. – È una roccia colorata?

– No – spiega il giovane aborigeno. – È una specie di illusione ottica. Cioè, le goccioline di olio essenziale di eucalipto, il vapore acqueo delle cascate e la polvere sospesa nell'aria creano dei riflessi particolari con la luce e fanno sembrare azzurrine le montagne.

– Ci sono alberi di eucalipto anche lì? – chiede Pavel.

– Foreste intere, a perdita d'occhio – risponde Nathan. – Un tempo gli aborigeni creavano molte medicine con le foglie d'eucalipto, soprattutto per guarire le vie respiratorie. Infatti anche oggi noi mangiamo le caramelle all'eucalipto per respirare meglio.

– Una giornata a respirare eucalipto ci farà bene per la finalissima – commenta Dante. – Molto meglio che restare a cuocere al sole in spiaggia come polli sulla griglia...

E, in effetti, come immaginava il cervellone, tutti restano entusiasti della gita alle Blue Mountains, a cominciare da Elvira che scatta le foto più spettacolari della vacanza. Il panorama che si ammira da Echo Point, una vallata infinita di alberi e montagne, è di quelli indimenticabili che ti fanno sentire piccolo davanti alla maestosità della natura.

A Echo Point si ammirano anche "le tre sorelle", tre curiosi speroni di roccia, uno accanto all'altro.

– Secondo una leggenda aborigena, – racconta Nathan – un uomo trasformò le sue tre figlie in roccia per sottrarle a un mostro malvagio, ma poi non è più riuscito a ritrasformarle in esseri umani.

Una piacevole passeggiata lungo un sentiero ombreggiato porta la comitiva Cipolline ai piedi di una spettacolare cascata che alimenta una piscina naturale.

– Che ne dite se ci accampiamo qui per il pranzo, ragazzi? – propone Gaston sfilandosi il grosso zaino dalle spalle.

– Mi sembra perfetto – approva Adam.

– E prima di sbranarci i panini, un bel tuffo nel laghetto! – propone Dante. – L'acqua fredda tonifica i muscoli, infatti i calciatori veri immergono spesso le gambe nei fiumi di montagna.

– Ottima idea, cervellone. Comincia tu… – approva Spillo, che con uno spintone scaraventa in acqua il povero Dante tutto vestito, comprese le scarpe da trekking…

Le Cipolline scoppiano a ridere e non finiscono più, mentre il numero 10, furibondo per lo scherzo, recupera gli occhiali che galleggiano sull'acqua: – Questa me la paghi, bisonte! Ti giuro che me la paghi!

Dante non lo dice così per dire. Infatti quando il gruppo si rimette in marcia, il numero 10 raduna Achille, Ciro, le gemelle, Antonio e spiega: – So come ricambiare lo scherzo di Spillo. Ma mi dovete aiutare…

9
NON GUARDARE, SPILLO!

Appena le Cipolline si rimettono in marcia sul sentiero, Antonio, come da intesa con Dante, lancia la proposta: – Ragazzi, non potete visitare le Blue Mountains senza farvi un giro sulla Scenic Skyway. Sarebbe come visitare Milano e non vedere il Duomo…

– E cos'è questa Scenic Skyway? – chiede Ciro.

– Una funivia che attraversa un canyon lungo settecentoventi metri – spiega il ragazzo australiano. – Vi sembrerà davvero di essere in mezzo alla foresta pluviale, che sta duecentosettanta metri sotto i vostri piedi. Un'emozione unica…

– Mitico! Andiamoci subito! – esclama Achille, entusiasta.

– Bellissimo! Pensate che foto potrò scattare da lassù… – commenta Elvira.

– Un momento, Cipolline, fatemi capire se ho sentito bene – interviene Spillo, preoccupatissimo. – Si tratta di stare appesi a un filo, nel vuoto, con la cosa più vicina che sta duecentosettanta metri più in basso. Ho capito bene?

– Esattamente così – conferma Rafa. – Non è magnifico?

– No, è un incubo! Ciao, ragazzi, vi aspetto al pullman… – decide il portiere, che si volta e fa per andarsene.

– Ma dove vai? – lo trattiene Tommi. – Non vorrai mica tornare da solo! Ti perderesti, e in un parco da un milione di ettari non sarebbe facile ritrovarti.

– Sarebbe come trovare uno Spillo in un pagliaio – precisa Donato.

– Vi ho detto che ho le vertigini se salgo su una sedia e voi mi portate tra le nuvole. Begli amici… – commenta il portiere.

– Non ti preoccupare, basta che non guardi giù e non ti succederà niente – suggerisce Antonio. – Tu entri sulla funivia a occhi chiusi, ti siedi a terra e quando partiamo guardi soltanto il pavimento senza osservare fuori dai finestrini.

– Giusto – approva Achille. – In questo modo non ti farà impressione. La traversata del canyon durerà pochi minuti, immagino.

113

– Spillo, un guerriero di wrestling come te deve combattere le sue paure – commenta Adam.

Alla fine, il buon Spillo si lascia convincere e, senza troppo entusiasmo, si avvia verso la partenza della Scenic Skyway.

Gaston fa i biglietti per tutti, la comitiva si mette in fila e quando arriva il suo turno si prepara a salire sulla funivia panoramica.

– Chiudi gli occhi, Spillo, ti accompagno io – si offre Achille, che prende per il braccio il portierone e lo guida dentro la cabina della Skyway.

Spillo, per nulla tranquillo, si siede sul pavimento della funivia, che dopo qualche minuto si mette in moto.

– Ecco, siamo partiti – avverte Achille. – Lo vedi che non succede niente?

SPILLO, SE VUOI PUOI APRIRE GLI OCCHI E TENERLI BASSI... BASTA CHE NON GUARDI FUORI.

AIUTO! STO PRECIPITANDO! SALVATEMI!

IL PORTIERE APRE GLI OCCHI E LI SPALANCA PER IL TERRORE: IL PAVIMENTO DELLA FUNIVIA È COMPLETAMENTE TRASPARENTE!

Un gruppetto di turisti giapponesi lo osserva come fosse un animale feroce e si ritira spaventato in un angolo della cabina.

Le Cipolline provano a calmare il povero Spillo, che si copre gli occhi con le mani: – Tranquillo, non stai precipitando da nessuna parte. Va tutto bene…

– Io semmai sono precipitato vestito nel lago ghiacciato. Avevo promesso che te l'avrei fatta pagare, bisonte… Fatto! – esclama con soddisfazione Dante.

– Piccola pulce, lo sapevo che eri stato tu… Aspetta che rimetto i piedi a terra e poi giochiamo al koala e alla foglia di eucalipto. E tu sarai la foglia di eucalipto – promette il portierone seduto a terra con le mani sugli occhi.

Scoppiano tutti a ridere. Anche i giapponesi.

Alle dieci della mattina seguente, vigilia della finalissima, le Cipolline sono già sedute nella sala adibita a studio televisivo per la puntata speciale del *Master Gol Show* che va in onda in diretta in Italia, dove sono le otto di sera.

Il presentatore Paolo annuncia una serata con ospiti d'eccezione e, dopo essersi complimentato con

le Cipolline per la vittoria sul Real Sydney, chiama
in scena il primo: Roberto Baggio!

L'ex fuoriclasse azzurro si collega subito con Sydney
per parlare con Tommi: – Ciao, capitano. Ti ricordi?
Sembra ieri che gareggiavi con gli altri candidati italiani e adesso stai per disputare una finale mondiale
dall'altra parte del mondo. Complimenti! Sai, l'avevo
capito subito che avevi qualcosa di speciale.

– Grazie, Roby – ricambia Tommi, emozionatissimo.
– Mi ricordo bene i tuoi consigli e il tuo incoraggia-
mento. Se le Cipolline sono qua è anche grazie alle
tue parole.

– Dovete però completare la vostra missione, mi
raccomando – riprende Baggio. – Anche a me è capi-
tato di giocare una finale mondiale contro il Brasile,
nel 1994. Lo sappiamo: i brasiliani sono gli artisti del
calcio, batterli è difficilissimo. Io non ci sono riuscito.
Ci pensi tu a vendicarmi domani?

– Promesso! – assicura il capitano.

Paolo riprende la parola: – Tieni pure il microfono,
Tommi. Ti faccio parlare con un'altra persona importante: la tua mamma…

Sullo schermo appare il viso sorridente di Lucia:
– Ciao, tesoro, come stai?

– Ciao, mamma! – esclama il capitano, felice per la sorpresa. – Tutto benissimo, mangio e mi diverto. Non ti devi preoccupare di nulla!

– Ma io infatti di te non mi preoccupo – risponde Lucia. – So che hai la testa sulle spalle. Mi preoccupo di papà, che è peggio di un bambino di tre anni. Mi raccomando, Tommi, stagli dietro, aiutalo…

– Stai tranquilla, mamma, lo curo io – assicura il centravanti.

In studio scoppiano tutti a ridere. Sorride anche Donato, che si mette il pollice in bocca come un neonato quando viene inquadrato nella sala di Sydney.

– Altra sorpresa per voi, Cipolline: il vostro parroco! – annuncia il presentatore con gli occhiali.

– Mi mancate molto, ragazzi. Soprattutto perché qui nevica e c'è tanta neve da spalare… – precisa don Callisto. – Ma se tornate con la coppa, prometto che vi risparmierò il lavoro. I ragazzi dell'oratorio faranno un tifo indiavolato. Non deludeteli, mi raccomando! Cipolline olé olé! Siete meglio di Pelé!

Gli spettatori nello studio di Milano applaudono, le Cipolline sorridono divertite.

Dopo un intermezzo musicale degli Uffa Muffa, Paolo riparte: – Non ve l'avevo promesso che sarebbe

117

stata una puntata eccezionale? Signore e signori,
ragazzi e bambini, marziani e alieni: il mitico Gigi
Buffon, capitano e portiere della Nazionale!

– Accipolla, Buffon! – esclama Spillo, che ha sempre
avuto come idolo il portierone della Juve.

– Caro Gigi, come sappiamo, i portieri sono eroi
senza paura che si tuffano tra i piedi degli avversari
e trasmettono coraggio alla squadra – spiega Paolo.
– Prova a guardare queste immagini…

Sullo schermo appare Spillo, seduto sul pavimento
trasparente della funivia delle Blue Mountains che
urla: – Aiuto! Sto precipitando! Salvatemi! Non ho
fatto testamento…

Scoppiano tutti a ridere sia nello studio di Milano,
sia in quello di Sydney.

Spillo si affretta a spiegare: – Gigi, mi senti? Come
puoi immaginare, stavo solo recitando… Ho visto la
squadra troppo tesa per la finale di domani e mi sono
inventato questo numero da circo. Un vero leader,
come me e te, deve pensare sempre allo spirito della
squadra. Sono sicuro che noi ci capiamo.

– Ma certo, Spillo! – conferma Buffon. – L'ho capito subito che stavi fingendo. Figuriamoci se un
portierone come te ha paura di uno strapiombo…

Ho seguito le vostre partite: hai disputato un grande torneo. Quella paratona contro i Delfini nel finale è stata decisiva. Bravo! Mi raccomando domani. Occhio ai tiri a effetto, perché i brasiliani sono maestri a inventarsi parabole strane. E soprattutto, non addormentarti contro il palo…

Scoppiano ancora tutti a ridere.

Dopo altri ospiti e un altro intermezzo musicale dei Fichi d'Ischia, Gaston annuncia la formazione che scenderà in campo domani:

Spillo

| Sara | Ciro | Elvira | Lara |

| Becan | Bruno | Dante | Achille | Joao |

Tommi

Finita la trasmissione, le Cipolline scendono nella hall dell'albergo e trovano Antonio con un signore in giacca e cravatta: – Ragazzi, posso presentarvi mio zio Bob? È anche lui di origine italiana e fa il giornalista.

– Anch'io! – esclama subito Lino, il direttore di

Ciponews, che si fa avanti e stringe la mano del collega. – Per che giornale scrive?

– Si chiama *Lo Stivale*, è il giornale della comunità italiana di Sydney che è molto numerosa. Raccontiamo cosa succede nella lontana Italia, ma anche le vicende degli italiani che abitano qui in Australia.

– Avete raccontato anche le nostre partite? – chiede Sara.

– Certamente! – risponde il giornalista di Sydney. – Vi assicuro che siete diventati dei veri eroi per gli italiani d'Australia. Vedrete con quale entusiasmo domani vi sosterranno allo stadio… Dovrete vincere anche per loro. Non aspettano altro: festeggiare con gli amici arrivati dalla lontana e amatissima Italia!

– Che vincano o che perdano, domani sera il programma è deciso: cena al ristorante *Posillipo* di mio papà Mimmo, a Leichhardt, il quartiere italiano di Sydney – annuncia Antonio. – Faremo festa comunque!

– Se non vi dispiace, – chiede Bob – ora vorrei farvi qualche domanda per l'articolo da pubblicare sullo *Stivale* di domani, giorno della grande finale.

– Nessun problema – risponde Ciro. – Chieda tutto

quello che vuole. Io posso rispondere anche in dialetto napoletano…

Le altre Cipolline si spostano nella sala ristorante per la colazione.

– Ci hai fatto caso? – chiede Dante mentre spalma della marmellata sul pane. – Un sacco di gente aspetta la nostra vittoria: don Callisto, i ragazzi dell'oratorio, i nostri genitori, gli italiani d'Australia, perfino Baggio che deve vendicarsi sul Brasile…

– Sì, ci ho pensato anch'io e ti confesso che la tensione per la finale sta crescendo di ora in ora – confida Bruno.

– Io stanotte ho sognato che correvo in un cerchio di brasiliani che si passavano la palla e non la prendevo mai… – svela Tamara.

– Allora non sono la sola a preoccuparmi per l'incontro di domani… – interviene Elvira. – Non ho mai giocato una partita così importante, trasmessa per televisione poi…

Gaston, che ha intercettato la conversazione, si tocca il baffo sinistro, prima di bere un sorso di caffè e latte. Non pensava che i suoi ragazzi stessero vivendo con tanta tensione la vigilia della finale, perciò decide di cambiare il programma della giornata.

Pensava di riunire la squadra nella sala conferenze per spiegare la strategia da adottare in finale e di riportare i ragazzi nei riposanti giardini botanici, invece annuncia: – Ragazzi, tra un'ora tutti pronti che si va a Bondi Beach!

– Ma non dovevamo fare la riunione tattica? – chiede Tommi.

– Possiamo farla anche domattina – risponde il cuoco-allenatore.

– Non è che ci stanchiamo troppo, mister, a stare tutto il giorno sotto il sole? – domanda Dante.

– Come dicono le Cipolline? Chi si diverte, non si stanca mai! – esclama Champignon. – Ragazzi, tra due giorni torneremo nell'inverno milanese. Godiamoci le ultime ore d'estate e divertiamoci più che possiamo senza pensare alla partita di domani!

– Sìììì! – urlano le Cipolline, che poi fanno partire il coro: – Non ci importa di Guardiola, c'è Gaston che ci fa scuola!

Evidentemente anche l'allenatore dell'Estrela Bahia la pensa come il cuoco-allenatore, perché, appena le Cipolline arrivano in spiaggia, Joao indica un gruppo di ragazzi che palleggia in riva al mare: – Guarda, ci sono i simpaticoni brasiliani…

10
UNA STELLA NEL BICCHIERE

Antonio e Tommi organizzano la rivincita della partita a beach volley, mentre il Gatto, Nathan, Loris, Issa e Teofano si buttano subito tra le onde con la loro tavola da surf.

Joao, dopo lo spavento preso con lo squalo, preferisce tenere i piedi sulla sabbia…

– Non so com'è andata, ma sono sicuro che sia stato il suono del tuo *didgeridoo* a suggerirmi dove tuffarmi per parare il rigore decisivo – confida il Gatto, seduto a cavalcioni sulla tavola in attesa dell'onda buona.

– Lo so. L'ho suonato apposta – risponde il ragazzo aborigeno. – Te l'ho spiegato: il *didgeridoo* ci aiuta a tornare all'epoca del Tempo del Sogno. Il tuo grande sogno era la finalissima e l'hai raggiunto… Ecco la nostra onda.

I due amici nuotano verso riva, scattano in piedi

sulla tavola e cominciano a inseguirsi tra le colline d'acqua scendendo e risalendo le pareti di schiuma.

Egle, Jamila e le gemelle seguono la partita di beach volley a bordo campo.

– Antonio ha voluto ancora Elvira in squadra – fa notare la ballerina.

– Ormai è chiaro che ha preso una bella cotta per la nostra fotografa – commenta Sara.

– Quello che continuo a non capire è perché a lei non piaccia – osserva Egle. – È così carino...

– Ti sbagli. A Elvira il ricciolone piace eccome... – assicura Lara.

– Come fai a saperlo? – chiede Jamila.

La gemella mostra la macchina fotografica che Elvira le ha lasciato in custodia per poter giocare a pallavolo e digita qualche tasto per aprire delle immagini conservate nella memoria.

– Come vedi, questa cartella contiene ottantanove fotografie – spiega Lara. – Apriamola per scoprire quali siano i soggetti. Foto uno: Antonio in primo piano. Foto due: Antonio di profilo. Foto tre: Antonio che gioca a volley. Foto quattro: Antonio con koala. Foto cinque: Antonio sul traghetto. Foto sei: Antonio alle cascate. Antonio, Antonio, Antonio, Antonio...

– Ha fatto un intero servizio fotografico ad Antonio! – esclama Egle. – Ottantanove fotografie tutte
per lui!

– Non saprei dire chi ha preso la cotta più grossa,
se lui o lei… – ridacchia Sara.

Le quattro ragazze sono così impegnate a esami-
nare le immagini da non essersi accorte che Elvira
ha abbandonato la partita e ora è in piedi davanti a
loro con le mani sui fianchi…

– Sono proprio fortunata… – commenta la fotografa. – Ho delle amiche che si divertono a frugare nelle
mie fotografie.

– Non stavamo frugando, Elvira. Ci serviva una foto
di Antonio e stavamo controllando se per sbaglio ne
avessi scattata una, ma non ne abbiamo trovate… –
spiega Egle.

Le cinque amiche scoppiano a ridere e non la
smettono più…

Gaston, seduto su una sedia, all'ombra di un tetto
di paglia, abbraccia tutta la spiaggia con uno sguar-
do e si affila compiaciuto il baffo destro: tutte le sue
Cipolline si stanno divertendo, nessuna sembra pre-
occuparsi della finale di domani.

– Caro Augusto, questo è il migliore allenamento

che potevamo organizzare per la squadra – commenta il cuoco-allenatore.

– Ne sono assolutamente convinto, Gaston – conferma l'autista della Cipo-line, sdraiato su un'amaca con un bicchiere di granita al limone in pugno.

– Si può sapere cosa stai facendo? – chiede Gaston vedendo la sorella che si muove gattonando sulla sabbia come un neonato.

Violette, concentratissima, non risponde.

Lo fa Sofia al posto suo: – Te lo dico io cosa sta facendo: un capolavoro.

Gaston e Augusto si alzano per controllare.

La celebre pittrice, ispirata dalla tecnica aborigena della pittura a puntini, ha fatto una serie di fori nella sabbia con il dito indice che, visti dall'alto, tutti insieme, riproducono il ritratto di un uomo con i baffi e il berretto da autista. Un somiglianza sorprendente…

Infatti Augusto si riconosce subito spalancando gli occhi: – Ma sono io!

Joao e Becan osservano i ragazzi di Bahia che palleggiano da seduti, in riva al mare.

– Saranno anche antipatici, ma il pallone lo sanno trattare – riconosce l'ala albanese.

– Già – concorda l'ala sinistra. – I piedi di un brasiliano antipatico rimangono comunque i piedi di un brasiliano.

Seduti in cerchio, con i gomiti sulla sabbia, i giocatori dell'Estrela Bahia si passano la palla al volo senza mai farla cadere.

Il ragazzo dal sorriso bucato si accorge di essere osservato: – Ehi, ci sono i due italiani…

Qualcuno saluta, Becan e Joao ricambiano sollevando il braccio.

– Vi ho visti giocare l'altra sera. Che fatica avete fatto contro quei modesti australiani… – commenta lo sdentato. – Tranquilli, dopo il terzo gol domani ci fermiamo.

I compagni scoppiano a ridere, si alzano e recuperano le tavole da surf piantate nella sabbia.

– Aspettatemi, vado a portare il pallone agli asciugamani e arrivo – avverte lo sdentato.

– Non preoccuparti, te lo porto io – si offre Joao. – Qual è il tuo asciugamano?

– Quello azzurro là in fondo, accanto al cestino dei rifiuti – indica il ragazzo di Bahia.

Un puntino azzurro a una trentina di metri di distanza.

127

I ragazzi di Bahia, con la tavola sotto braccio, guardano lo sdentato che dice soltanto: – Grazie…

– Ciao, ragazzi – saluta Becan, che si allontana insieme all'amico.

– Ora sanno che domani non sarà facile come pensavano e dormiranno un po' meno sereni… – conclude Joao con un sorriso trionfale.

Il grande giorno della finalissima contro l'Estrela Bahia è arrivato.

Dopo una comoda sveglia e un'abbondante

colazione, Gaston raduna la squadra nella sala conferenze per l'ultima riunione tecnica.

– Cari amici miei, ora dovrete rispondere a una serie di domande. La prima: possono toglierci tutto il divertimento di questi giorni a Bondi Beach?

– No – rispondono in coro le Cipolline.

– Possono toglierci le risate che ci siamo fatti con Dante e Spillo alle Blue Mountains? – chiede ancora il cuoco-allenatore.

– No – ripete la squadra.

– Possono toglierci le emozioni che abbiamo provato all'Opera House? – domanda Champignon.

– No – rispondono i suoi ragazzi.

– Possono toglierci il piacere delle nuove amicizie che abbiamo trovato a Sydney? – chiede infine Gaston.

– No – ripetono per l'ultima volta le Cipolline.

– E allora, prima ancora di scendere in campo per la finale, sappiamo già che abbiamo vinto, ragazzi – conclude il cuoco-allenatore. – Quella di stasera sarà soltanto una partita di calcio, niente di più. Ma siccome la regola prima dello sport è quella di cercare di vincere, nel rispetto delle regole e dell'avversario, proviamo a considerare insieme come giocarcela contro l'Estrela Bahia. Qualcuno ha idee da proporre?

Achille alza la mano: – Io dico di giocarcela come a Wembley contro i Mostri di Münster: mettere il bicchiere sulla candela e spegnerla.

– Non so… – interviene Dante poco convinto. – I tedeschi erano nettamente più forti di noi, era giusto chiuderci in difesa e aspettare l'occasione buona per il contropiede. Ma con i brasiliani forse possiamo giocarcela con più coraggio.

– Hanno vinto due partite per 3-0 e ieri pomeriggio li ho visti palleggiare da seduti in spiaggia: la palla non cadeva mai… – racconta Ciro. – Mi sa che sono dei mostri anche questi. Io voto per la candela sul bicchiere.

– Io no – ribatte Teofano. – Per come sono fatta, preferisco rischiare di bruciarmi, ma tentare di spegnere la candela con le mie mani.

– Sara? – chiede Gaston.

– Io so che quando Joao trova difese molto chiuse, va in difficoltà e diventa triste. E quando diventa triste combina poco – osserva la gemella. – Giocheremo contro undici Joao, cerchiamo di farli diventare tristi chiudendo ogni spazio e impedendogli di fare i loro giochetti: voto a favore del bicchiere sulla candela.

– Mio papà è spagnolo e lo ripete spesso: nessuno

è bravo a difendersi come gli italiani; tutto quello che hanno vinto le squadre italiane, lo hanno vinto grazie a una grande difesa – commenta Jordi. – E allora, visto che siamo una squadra italiana, puntiamo anche noi sulla difesa.

– E poi è uno schema che sappiamo già fare, lo abbiamo appena collaudato a Wembley – fa notare Elvira. – Andiamo sul sicuro.

– Cosa voti, capitano? – chiede Gaston.

– Il voto della maggioranza della squadra è il voto del capitano – risponde Tommi.

Non c'è bisogno di votare per alzata di mani: questa sera al Sydney Football Stadium, nella finale della Master Gol Cup, le Cipolline cercheranno di spegnere l'Estrela Bahia mettendoci un bicchiere sopra.

La tribuna centrale, completamente gremita, fa venire la pelle d'oca…

Infatti le squadre, incamminandosi verso il centro del campo, non riescono a staccare gli occhi dalla festa di suoni e colori che i tifosi hanno scatenato in tribuna.

– A Bahia ogni anno organizzano uno dei più indiavolati carnevali del mondo – racconta Joao. – Sono allenati a far baccano…

131

Infatti anche se occupano solo un terzo della tribu-
na, i sostenitori dell'Estrela non sono meno rumorosi
degli italiani: tamburi, trombe, maracas battono il
ritmo senza soste e fanno ballare decine di persone.

A emozionare le Cipolline, più che i suoni, sono i
colori. È come se gli italiani di Sydney avessero portato
allo stadio tutto il tricolore che hanno in casa, a ricordo
della patria lontana, e l'avessero esposto in tribuna.

Davanti a quel mare di bianco, rosso e verde le
emozioni delle Cipolline vibrano come le corde del
violino del Gatto.

– Come ti senti? – chiede Spillo.

– Come te sulla funivia delle Blue Mountains – risponde Dante. – Mi sento appeso a un filo con uno
strapiombo sotto.

– Io sento un buco in mezzo allo stomaco, ma per
una volta non è la fame – confessa il portierone.

Tommi corre a scambiare un "Cipo-ok" con ogni
compagno di squadra, poi si prepara per il calcio d'inizio.

L'arbitro fischia: la finale è cominciata!

Le Cipolline, come previsto, si ritirano subito nella
propria metà campo. La linea dei cinque centrocampisti cerca di restare molto vicina a quella dei
quattro difensori, in modo da non lasciare spazio agli

inserimenti dei brasiliani. È così che si toglie ossigeno alla candela e si spegne la fiamma.

I ragazzi brasiliani, che indossano una maglia gialla con una grossa stella verde sulla pancia, sono schierati con lo schema 4-3-3.

Bobo, lo sdentato, che è anche il capitano della squadra, gioca al centro del tridente offensivo e ha sulla schiena un curioso numero 0. Strani anche i numeri dei suoi compagni d'attacco: il 2 e il 3, che solitamente sono numeri da terzino.

Bobo, tarchiato e scattante, non resta a fare il centravanti, ma arretra spesso, si fa dare la palla dai suoi centrocampisti e poi cerca l'assist per il 2 o per il 3, che attraversano l'area di continuo.

Ecco che ci riprova…

Elvira è brava a spostarsi verso Lara e a chiudere il corridoio intercettando il passaggio diretto al numero 2.

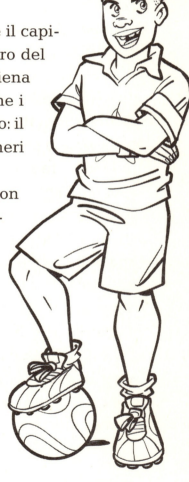

BOBO

Bravi anche Achille, Dante e Bruno a stare sempre vicini l'uno all'altro e a tagliare i rifornimenti per lo sdentato.

A metà primo tempo sembra che la tattica della candela stia funzionando. Spillo non ha corso pericoli, mentre le Cipolline hanno già sfiorato il gol con un contropiede di Becan che ha mandato al tiro Dante e attaccano ancora...

Joao taglia il campo da sinistra a destra, lasciandosi alle spalle quattro brasiliani. Sembra che stia volando su una tavola da surf...

Arrivato al limite dell'area, finge di scaricare il pallone a Becan, sulla fascia destra, invece, senza guardare, imbuca un pallone in area per Tommi, che scavalca il portiere con un pallonetto.

Il pallone rimbalza sulla traversa e rotola sul fondo.

La tribuna tricolore miagola di disappunto.

– Tornate! – urla Achille.

Becan e Joao recuperano la loro posizione e le due linee delle Cipolline si ricompattano per formare la solita diga di nove uomini davanti a Spillo.

Bobo riceve ancora il pallone e cerca un varco nella muraglia. Finge il solito passaggio filtrante, invece infila la punta sotto la palla e la solleva a sorpresa

134

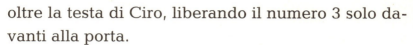
oltre la testa di Ciro, liberando il numero 3 solo davanti alla porta.

L'attaccante colpisce di controbalzo e Spillo, con un riflesso prodigioso, riesce ad alzare in angolo con il gomito.

La tribuna brasiliana festeggia con un piccolo carnevale la prima vera palla gol dell'Estrela.

LO SDENTATO RICEVE UN PASSAGGIO RASOTERRA SPALLE ALLA PORTA...

E PROLUNGA LA CORSA DEL PALLONE COLPENDOLO DI TACCO.

TOC

CIRO NON FA IN TEMPO A REAGIRE E LA PALLA GLI PASSA IN MEZZO ALLLE GAMBE.

IL NUMERO 2 ARRIVA IN CORSA, ANTICIPA L'USCITA DI SPILLO, LO AGGIRA E DEPONE LA PALLA IN RETE: 1-0!

Questa volta il carnevale di Bahia fa tremare lo stadio…

Tommi corre a recuperare la palla in rete e rassicura la squadra: – Non è successo niente. Andiamo avanti così! Non cambiamo nulla fino all'intervallo!

I brasiliani continuano ad attaccare le due trincee difensive delle Cipolline.

L'impressione è che Bobo sia sempre più a suo agio negli spazi stretti e che la squadra abbia trovato il modo per servirlo con continuità.

Eccolo ancora in azione…

Guida il pallone senza guardarlo, studiando il movimento dei due attaccanti esterni, pronto a servirli in verticale, ma all'improvviso sterza e punta il piccolo spazio che separa Ciro da Sara, monta sul pallone, fa una specie di piroetta e se lo trascina dietro con la scarpa.

Una magia che strappa un'ovazione di meraviglia e che lo porta solo davanti a Spillo. È sembrato un fantasma passato attraverso un muro…

Il portiere accenna l'uscita, ma il numero 0 lo brucia con un destro nell'angolino: 2-0.

La fiamma dell'Estrela è più viva che mai.

Rientrando in spogliatoio, lo sdentato incrocia Joao: – Tranquillo. Dopo il terzo ci fermiamo. Te l'ho promesso.

11
TATTICA A PUNTINI

Appena entrati in spogliatoio, Achille allarga le braccia: – Mi spiace, mister, noi il bicchiere sulla candela l'abbiamo messo e anche abbastanza bene, mi pare. Tutti si sono battuti per chiudere gli spazi, ma la fiamma è rimasta accesa…

– Avete ragione, ragazzi. È stata tutta colpa mia – ammette il cuoco-allenatore lisciandosi il baffo sinistro, pensieroso. – Ho sbagliato completamente la tattica di gioco. Il bunker andava bene contro i tedeschi che erano fortissimi fisicamente, ma non erano dei fenomeni tecnicamente. Infatti li abbiamo fermati. Ma i brasiliani sono dei maghi con la palla, dribblano anche le formiche e sanno muoversi bene negli spazi stretti. Ho sbagliato tutto…

– E adesso, mister? – chiede Dante. – Come giochiamo?

Gaston si gratta la testa con il mestolo di legno:

– Accipolla, non mi viene un'idea buona e abbiamo solo pochi minuti per decidere…

– Forse ce l'ho io – interviene il Gatto a sorpresa.

– Sentiamo – lo invita Gaston.

– Credo che il nostro errore sia stato rinunciare a giocare, cioè aver lasciato sempre il pallone a loro, preoccupati di difenderci – comincia il violinista. – Più hanno il pallone, più si sentono bravi e più attaccano con convinzione. Nel secondo tempo dobbiamo cercare di tenere noi la palla.

– Ha ragione il Gatto – approva Joao. – Quando noi brasiliani restiamo senza pallone, diventiamo tristi come bambini senza giocattoli…

– Ok, ma tra il dire e il fare c'è di mezzo il mare – commenta Sara. – Come facciamo a togliergli i giocattoli?

– Così… – risponde il Gatto mentre estrae dal suo borsone il boomerang decorato che gli ha regalato Nathan.

– Colpendoli in testa? – domanda Achille.

– No! Ispirandoci ai puntini di questo disegno – spiega il Gatto. – Il nonno di Nathan ha creato queste scene di caccia mettendo un puntino dietro l'altro, noi dovremo mettere in fila una serie di piccoli passaggi.

Dovremo essere bravi a restare uno vicino all'altro, in modo da poter fare una lunga serie di passaggi corti. Non importa arrivare in fretta alla loro porta, possiamo farne anche cento nella nostra metà campo. Intanto però la palla la teniamo noi e loro non possono crearci pericolo.

– E restando senza pallone sono sicuro che diventeranno nervosi – aggiunge Becan. – Magari ci aggrediranno in massa e noi troveremo spazi per colpirli in contropiede. Mi sembra un ottimo piano.

– Anche a me – concorda Dante.

– Mettiamo in fila i nostri puntini senza preoccuparci di segnare in fretta, poi quando l'arbitro fischierà la fine dell'incontro vedremo quale disegno avremo composto – conclude il Gatto, che prende il pennarello nero e comincia a disegnare una serie di puntini sulla lavagna bianca.

VITTORIA

Non appena tutti riconoscono la parola scritta dal violinista con i suoi puntini, urlano in coro: – Vittoria!

139

– *Superbe!* – esclama Gaston. – Andate a ripren-
dervi il giocattolo e divertitevi, ragazzi!

– Bravo, micetto – si complimenta Spillo scambian-
do un "Cipo-ok" con l'amico. – Questo me lo metto
dentro la porta, mi porterà fortuna. Posso?

– Certo – approva il Gatto passandogli il boomerang. – Così i palloni, invece di entrare, torneranno
indietro…

Gaston rivoluziona la squadra per il secondo tempo.

Spillo

Hernan	Teofano	Elvira	Morten

Becan	Dante	Rafa	Joao

Tommi	Diouff

Il primo ad accorgersene in tribuna è Lino, che
ha l'occhio veloce del giornalista: – Accipolla, non
abbiamo più difensori in campo…

– Era ora – approva Donato. – Nel primo tempo
siamo rimasti rintanati come conigli. Ci mancava
solo che Augusto parcheggiasse la Cipo-line davanti

alla porta… Ora speriamo di attaccare un po'. Siamo sotto di due gol.

Lo scheletro Aiuto sorride di speranza.

Diouff, che, come sai, ama i film western e sta dalla parte degli indiani, intinge il dito nella linea di gesso di bordo campo e si macchia la faccia con una serie di puntini bianchi.

– Sembra che tu abbia la varicella… – commenta divertito Rafa.

– Gli aborigeni sono gli indiani d'Australia – spiega l'attaccante africano. – Il loro spirito mi aiuterà.

L'arbitro fischia la ripresa del gioco.

Diouff tocca il pallone per Tommi che lo passa indietro a Rafa che lo passa a Dante che lo passa a Becan che lo passa a Hernan che lo passa a Teofano che lo passa a Elvira che lo passa a Spillo…

Una serie di passaggi di prima ha fatto rotolare il pallone fino al portiere.

Donato si alza in piedi e urla: – La porta degli avversari è dall'altra parte! Avete sbagliato strada! Fate un'inversione a U!

Spillo restituisce la palla a Elvira che la passa a Teofano che la ripassa a Elvira che la passa a Dante che la passa a Rafa che la passa a Tommi che la passa

a Diouff che la ripassa a Tommi che la passa a Dante
che la passa a Teofano che la passa a Hernan che la
ripassa a Teofano che la passa a Elvira che la passa a
Morten che la ripassa a Elvira che la passa a Teofano
che la passa a Hernan che la ripassa a Teofano…

Un ricamo infinito di piccoli passaggi porta il pallone a spasso per il campo, avanti e indietro, da
destra a sinistra e da sinistra a destra, sempre tra i
piedi delle Cipolline, ma sempre lontano dalla porta
brasiliana.

Dalla tribuna comincia a piovere qualche fischio.

– Non capisco che cosa stiano facendo – commenta
Adam. – Giochicchiano con la palla come se fossimo
noi in vantaggio di due gol…

– Io invece credo di avere capito – sospetta Lino,
che prende appunti sul taccuino. – Vedrai che presto
i brasiliani perderanno la pazienza. Non sono abituati
a lasciare il pallone agli avversari. E noi potremo
divertirci…

Infatti Bobo, con ampi gesti, ordina ai compagni
della difesa di avanzare per aiutare centrocampisti
e attaccanti a recuperare il pallone.

Rafa passa la palla a Tommi che la passa a Dante
che la passa a Elvira che la passa a Hernan.

142

L'argentino, che per l'occasione si è tatuato sulla pancia la parola "vittoria" scritta a puntini, si ritrova circondato da quattro brasiliani nella zona della bandierina. Con un sombrero riesce a restituire la palla all'imperatrice, che la fa correre fino alla bandierina opposta dove Morten serve Joao in verticale.

La Cipollina numero 11 attira su di sé un bel numero di avversari poi, un attimo prima di essere aggredito, calcia un sinistro potente e raggiunge Diouff.

L'ATTACCANTE AFRICANO CAVALCA A TUTTA VELOCITÀ COME UN CAPO APACHE, SEMINA DUE BRASILIANI, ENTRA IN AREA...

E SPARA UN BOLIDE IMPARABILE SOTTO LA TRAVERSA: 2-1!

Poi si ferma a gambe larghe e mima il gesto di scagliare una freccia verso la tribuna, che si è trasformata in un mare tricolore in tempesta. Una tempesta di gioia.

Tommi corre a recuperare la palla in rete e la riporta sul dischetto del centrocampo.

I brasiliani, caduti in trappola, invece di farsi più prudenti e proteggere il vantaggio, si lanciano di nuovo in attacco alla conquista della palla per vendicarsi della beffa subita.

– Ora capisci perché tornavamo indietro invece di avanzare? – chiede Lino con un sorriso di soddisfazione. – I brasiliani sanno solo giocare per vincere e se non hanno il pallone tra i piedi perdono la testa…

– Infatti al Mondiale dell'82 il Brasile aveva una squadra fortissima, poteva accontentarsi di pareggiare contro l'Italia per passare il turno, ma volle vincere a tutti i costi e finì per perdere – ricorda Adam.

– Speriamo che succeda di nuovo – si augura Donato.

I ragazzi di Bahia, come uno sciame di zanzare, inseguono in massa la palla che le Cipolline spostano da una parte all'altra del campo con una lunga serie di passaggi corti, allineati come puntini su un boomerang aborigeno.

Questa volta è Dante a far partire il lancio lungo ed è Rafa a scattare in contropiede. Lo spagnolo entra in area, finge il tiro sull'uscita del portiere e tocca la

144

palla di lato. Tommi, che ha corso al suo fianco, non ha problemi a spingerla in rete: 2-2!

– *Superbe! Superbe!* – festeggia Gaston, che salta come un canguro davanti alla panchina.

Il suo collega brasiliano si sbraccia a centrocampo e urla per attirare l'attenzione dei suoi giocatori, che invece continuano ad attaccare a testa bassa, incitati dal numero 0, sempre più furibondo.

Finalmente l'Estrela riesce a recuperare il pallone e a costruire una buona azione. Il numero 3 dribbla con facilità Hernan, che non è un difensore, e crossa in area. Bobo stoppa di petto e calcia al volo, anticipando l'intervento di Elvira.

Spillo, ben piazzato, non deve neppure tuffarsi. Blocca il pallone, corre fino al limite dell'area e con una sbracciata da discobolo mette in azione Joao, che attendeva sulla fascia sinistra.

Il brasiliano sgomma velocissimo in diagonale, puntando la bandierina più lontana. Salta un primo difensore con la finta "tam-tam", un secondo con un fulmineo doppio passo, poi sterza bruscamente verso la porta e manda a vuoto la scivolata dell'ultimo difensore saltando con la palla stretta tra le caviglie.

Antonio e tutti gli italiani di Sydney urlano e saltano nel mare bianco, rosso e verde. Adam bacia e abbraccia la sua Eva. Donato bacia il suo Aiuto...

Bobo, piombato in un vero incubo, corre a recuperare la palla in rete e la riporta di corsa verso il centro del campo.

È il momento della rivincita di Joao, che lo avvicina e gli sussurra: — Ti avverto. Noi, al tre, non ci fermiamo...

Gaston manda in campo Jordi al posto di Dante,

stanchissimo, per rafforzare la difesa, e Tamara al posto di Becan per dare aiuto al centrocampo. Dopo aver messo a segno il sorpasso, le Cipolline si preparano a difendere il vantaggio negli infuocati minuti finali.

I tifosi dell'Estrela si accaniscono sui tamburi e soffiano nelle trombette le ultime briciole di energia per spingere i ragazzi di Bahia al pareggio e giocarsi poi ai calci di rigore il titolo mondiale.

– Siamo stanchi, siamo stanchi... – ripete Lino preoccupatissimo davanti all'assalto dei brasiliani.

– Saranno i cinque minuti più lunghi della storia del calcio – commenta Donato rosicchiandosi l'unghia del pollice.

Spillo urla ordini a ripetizione come il comandante di una nave che sta affondando: – Chiudi lì, Elvira! Attento alle spalle, Jordi! Quello è libero, Tamara! Calcia via subito, spazza! Lontano!

Ormai le Cipolline non riescono a mettere in fila neppure due puntini. Cercano solo di respingere il pallone e implorano l'orologio di correre il più veloce possibile.

Il numero 8 dell'Estrela trova lo spiraglio per una cannonata a mezza altezza dal limite. Spillo si tuffa per bloccare il pericolo, ma la palla sbatte contro la schiena di Tommi e cambia direzione...

Il portierone riesce a intercettare la palla con il piede destro e ad alzarla in angolo.

I sostenitori brasiliani ruggiscono di delusione una prima volta e una seconda poco dopo perché il colpo di testa del numero 5 stellato fa secco Spillo, ma Elvira respinge sulla linea di porta: la palla si impenna, sbatte contro la traversa e viene allontanata da Jordi…

Spillo esulta: – Fotografa, ti voglio bene!

Manca un minuto alla fine.

Morten si avventa sul pallone per calciare di destro, il suo piede meno talentuoso, quello con la scarpa bianca. Infatti la palla, colpita malissimo, invece di allontanarsi verso il centro del campo, si avvita su se stessa e rientra in area finendo tra i piedi dello sdentato, che si ritrova incredibilmente libero al centro di un'area affollata.

12
CHE FATE, CIPOLLINE?

Gli sguardi di Spillo e Bobo si incrociano per un attimo, come in un duello da mezzogiorno di fuoco. Poi l'attaccante brasiliano carica il tiro e calcia... l'aria, perché Teofano ha allungato una gamba alle sue spalle, ha appoggiato la suola sul pallone e gliel'ha sfilato con la rapidità di un cobra.

L'imperatrice finge il rinvio lungo, l'avversario di fronte si volta, Teo lo supera e, passandosi la palla dal destro al sinistro in un'area affollata come la metropolitana di Milano alle otto del mattino, raggiunge magicamente la trequarti di campo con il pallone al piede.

– Non fermarti! Andiamo! – ordina Tommi.

L'imperatrice cambia passo, accelera, triangola con il capitano che le ripassa il pallone. Le due Cipolline si ritrovano lanciate a rete nella metà campo brasiliana, presidiata da un solo difensore stellato.

Il numero 6 corre all'indietro tenendo sempre d'occhio la palla, in attesa di piazzare l'intervento disperato per fermare l'azione delle Cipolline.

Tommi e Teofano avanzano passandosi il pallone di continuo, come quando si allenavano sullo stradone della ferrovia, ascoltando la musica e inventandosi acrobazie da poeti di strada.

Arrivati al limite dell'area, si fermano.

Il capitano passa la palla e ordina: – Tira!

L'imperatrice gliela ripassa: – Segna tu, sei il capitano.

– Io ho già fatto un gol, tocca a te – insiste Tommi restituendo il pallone.

– Così è troppo facile, non è da poetessa di strada – si rifiuta Teofano liberandosi della palla.

– Dai, sbrigati che stanno arrivando i difensori! – urla il capitano calciando ancora il pallone verso la compagna.

Il numero 6 stellato muove la testa di continuo, come lo spettatore di una partita di tennis, per seguire la palla che danza da una Cipollina all'altra.

Due difensori dell'Estrela Bahia si stanno avvicinando.

– Ok, però di tacco – accetta l'imperatrice, che si

150

volta verso il centro del campo dando le spalle alla porta brasiliana e di tacco spedisce la palla nell'angolino.

L'arbitro fischia la fine della partita: Cipolline Milano-Estrela Bahia 4-2.

Le Cipolline sono campioni del mondo!

Campioni del mondo! Campioni del mondo! Campioni del mondo!

Il disegno dei puntini è finito e ora si legge una parola sola: *TRIONFO!*

Tommi, Spillo e Dante, i tre amici del cuore, si cercano in mezzo alla gran confusione che si scatena in campo e si abbracciano saltando e cantando nel più allegro girotondo del mondo.

Sono stati loro a far nascere le Cipolline e a guidarle dal campetto a cinque del quartiere fino al tetto del mondo. Poi sono arrivati Joao, Becan, le gemelle, Ciro e tutti gli altri petali che ora si riuniscono al centro del campo in un abbraccio solo, a formare il fiore campione del mondo.

È un abbraccio di squadra istintivo, emozionato, rapido, perché i petali poi si sciolgono e si ricompongono qualche metro più in là attorno a quel gran pistillo bianco, con cappello da cuoco in testa, che è Gaston Champignon.

Le Cipolline abbracciano il loro allenatore che ha gli occhi lucidi, come se avesse appena tagliato una montagna di cipolle, e sventola al cielo il mestolo di legno, toccandosi di continuo il baffo destro, mentre i suoi ragazzi cantano in coro: – Che ci importa di Guardiola, c'è Gaston che ci fa scuola! Se ci allena Champignon, diventiamo dei campion!

Spillo restituisce il boomerang al Gatto e lo abbraccia rischiando di stritolarlo: – Mitico micetto, la tua tattica dei puntini è riuscita! Siamo campioni del mondo!

– Lo sapevo. Non poteva fallire! – esclama il violinista. – I pittori aborigeni ricorrono ai puntini per tornare all'epoca del Tempo del Sogno. Grazie ai puntini anche noi abbiamo raggiunto il nostro grande sogno: campioni del mondo! Campioni del mondo!

– Campioni del mondo! – ripetono in coro Sara e Lara specchiandosi.

Ricordi quando erano ballerine alla scuola di danza di Egle? Hanno dovuto combattere parecchio per ottenere dai genitori il permesso per dedicarsi al calcio. Ora che corre incontro alle figlie per abbracciarle e complimentarsi, mamma Daniela sa di aver fatto la scelta giusta.

Non è vero che il pallone è solo per maschiacci...

Tommi finalmente trova Donato tra la folla che ha invaso il terreno di gioco e gli salta in braccio: – Papà, ora potrai andare in giro a vantarti che tuo figlio è campione del mondo... Ti farò fare un figurone!

– Sì, riconosco che sei stato bravino – ribatte Donato. – Certo non dev'essere un grande sforzo essere bravini avendo un padre come me...

Egle, con le mani sui fianchi, attende che i due finiscano di scherzare, poi si inserisce: – Capitano, hai finito di abbracciare tutti o ti manca ancora il custode dello stadio? Quando viene il mio turno?

Tommi sorride e risponde: – Ma un abbraccio per te non basta! Tu sei la mia regina. Per te ci vuole il trono...

Il capitano afferra la ballerina ai fianchi e se la issa sulle spalle portandola in giro per tutto il campo. Antonio fa lo stesso con Elvira, che saluta tutti dall'alto e ogni tanto accarezza i riccioli neri del suo carinissimo cavaliere...

Il povero Gaston non riesce a sottrarsi al piano di Adam, Donato, Augusto e zio Bob che vogliono portarlo in trionfo: – No, vi prego, è troppo pericoloso... Se cado a terra, scavo una voragine in campo

153

e sbuco direttamente dall'altra parte del mondo, in via Pitteri...

Ma i quattro afferrano il cuoco-allenatore per le braccia e per le gambe e lo lanciano in cielo come una piuma urlando insieme alle Cipolline: – Hip-hip urrà! Hip-hip urrà! Hip-hip urrà!

Il giornalista dello *Stivale*, che ha gli occhi lucidi per l'emozione, intervista i nuovi campioni del mondo: – Ragazzi, non immaginate neppure la gioia e l'orgoglio che avete dato a noi italiani d'Australia... Ve ne accorgerete stasera a Leichhardt.

L'altoparlante richiama le squadre sotto la tribuna centrale, dove è stato allestito il palco per la premiazione.

La Master Gol Cup, dorata, è una scultura magnifica: cinque giocatori, che rappresentano i cinque continenti, saltano per contendersi un pallone che in realtà è la terra.

Tommi la riceve dalle mani dell'organizzatore della manifestazione.

Il capitano impugna forte il trofeo, chiude gli occhi, ripensa al primo allenamento delle Cipolline con Spillo e Dante ai giardini pubblici di via Pitteri, sorride, riapre gli occhi e con un urlo strappa verso il cielo la coppa da campioni del mondo, mentre un cannoncino fa esplodere una pioggia di coriandoli bianchi, rossi e verdi.

Il poderoso boato di gioia che riempie il Sydney Stadium non gli uscirà mai più dalle orecchie.

Moreno, il giornalista-cameraman del *Master Gol Show*, va incontro alla squadra dopo la premiazione: – Complimenti, campioni! Ce l'abbiamo fatta! Ora devo intervistare ciascuno di voi per la trasmissione finale del reality che andrà in onda giovedì prossimo a Milano, in diretta. Sarà la vostra apoteosi! Cominciamo dal capitano… Tommi, quali sono le tue emozioni a caldo?

Il capitano non fa in tempo a rispondere perché Achille e Spillo hanno riempito un bidone di acqua ghiacciata, si sono avvicinati silenziosamente alle spalle di Moreno e gliel'hanno rovesciato in testa…

La iena rimane impietrita per qualche secondo, poi esplode: – Ma siete pazzi? Mi avete rovinato la telecamera! Sapete quanto costa? Ora ve la faccio pagare!

Le Cipolline sghignazzano di gusto.

– È quello che si meritava! – commenta Sara. – Ci ha messo uno contro l'altro fin dal primo giorno con il suo sorrisino insopportabile.

155

– Hai ragione – approva Ciro. – Seminava zizzania
per fare spettacolo. Per una volta lo spettacolo lo
abbiamo fatto noi ai suoi danni…

– Mi spiace che sia finita questa splendida avventura – commenta Dante. – Ma almeno non avremo più
alle costole quello spione che registra tutto quello che
facciamo e che diciamo. Mi sento un po' più libero.

– Di sicuro stasera non registrerà più nulla. Gli abbiamo annegato la telecamera… – conclude Achille
con un sorriso trionfale.

L'indimenticabile vacanza australiana si conclude
nel modo migliore, con la festa organizzata a Leichhardt, il quartiere degli italiani di Sydney, dove
abitano Antonio e i suoi parenti.

Un serpentone di tavoli è stato allestito nell'Italian
Forum, la piazza costruita sul modello delle città
italiane, con portici, case e negozi che riproducono
l'atmosfera del nostro paese lontano.

Appena le Cipolline si affacciano nella piazza, che
è stata addobbata di tricolore in ogni angolo, parte un
grande applauso e poi il coro: – Campioni! Campioni!

– Accipolla, che accoglienza… – commenta orgo-
glioso Dante.

– Be', direi che ce la siamo meritata – osserva Spillo.

Mimmo, il papà di Antonio, un bell'uomo sulla cinquantina dai capelli brizzolati, fa gli onori di casa e guida gli ospiti ai propri tavoli.

– Ora possiamo buttare la pasta e cucinare i nostri amati spaghetti – annuncia Mimmo. – So che lei è un cuoco prestigioso, sarebbe un onore se venisse nelle cucine del mio ristorante a darmi una mano.

– Ben volentieri – accetta Champignon. – A una sola condizione: che mi dia del tu e mi chiami Gaston. Siamo colleghi e quindi quasi fratelli…

– Condizione accettata, Gaston – approva sorridendo il papà di Antonio. – Ti faccio strada…

Durante la cena, i ragazzi rivivono tutta la splendida vacanza di Sydney, passando da un ricordo all'altro tra mille risate: Spillo addormentato contro il palo, Dante cascato nel lago vestito, Joao inseguito dallo squalo, Spillo sulla funivia delle Blue Mountains, le foto di Antonio scoperte nella macchina fotografica di Elvira…

Al momento del dolce, l'orchestra piazzata sul palco in un angolo della piazza comincia a suonare canzoni italiane e invita tutti a ballare.

Gaston e la signora Sofia rispondono subito

all'appello, poi si lanciano anche Adam ed Eva, Donato e lo scheletro Aiuto, applauditissimo, Augusto e Violette, Daniela e Mimmo.

Egle prende per mano Tommi che prova a opporre resistenza: – Ma io non so ballare questa roba qui…

– Tu non sai ballare niente, se è per questo. Guarda come faccio io e seguimi – ordina la ballerina.

Naturalmente il capitano obbedisce…

– Allora andiamo anche noi – propone Antonio a Elvira, che non si sogna di opporre resistenza…

Dante si fa avanti con Teofano che sorride illuminando i suoi splendidi occhi verdi: – Come potrei rifiutare, dopo la poesia di fango che mi hai dedicato…

Nathan balla con Sara, Todd con Lara e Damon con Tamara.

Si divertono tutti un mondo, soprattutto per le continue strigliate di Egle al capitano: – Tommi, questo è un ballo, non una sfida a chi pesta i piedi del partner…

Per fortuna del centravanti, a un certo punto arriva Antonio a liberarlo dal supplizio: – Scusa, mio nonno Toto ci terrebbe a conoscere il capitano delle Cipolline.

Il numero 9 raggiunge un uomo anziano, con un grosso anello alla mano destra, che è seduto al centro del serpentone di tavoli, in posizione strategica, come se volesse tenere d'occhio tutta la piazza.

– Ciao, Tommi, siediti qui vicino a me – lo invita il nonno di Antonio. – Voglio dirti due cose. Le dico a te che sei il capitano della squadra, ma valgono per tutti i tuoi compagni. La prima è grazie. È stato bello vedervi vincere, ma ancora di più vedervi giocare sempre da veri sportivi. Siamo stati orgogliosi di voi e in questi giorni nei bar, negli uffici, al mercato abbiamo parlato di voi come foste i nostri figli e abbiamo detto a tutti i nostri amici australiani: «Visto come sono in gamba i ragazzi italiani?».

Il capitano sorride un po' imbarazzato: – Grazie davvero. Sono parole molto belle…

– La seconda cosa è ancora più importante – riprende nonno Toto. – Io ho novant'anni, ho lasciato l'Italia mezzo secolo fa. Quando tu devi ammirare un quadro in un museo, non stai troppo vicino, con il naso appicciicato alla tela, giusto? Ti allontani un po' così te lo godi meglio. Ecco, io è da cinquant'anni che ammiro l'Italia da lontano e mi sembra sempre più bella. Magari voi, che avete il naso contro la tela, non ve ne accorgete e vi lamentate, la criticate. Tommi, ti assicuro che la nostra Italia è stupenda, una vera

opera d'arte, il più bel paese del mondo. Trattatelo bene, vogliategli sempre bene, voi che siete giovani e dovrete occuparvene. Me lo prometti, Tommi?

– Glielo prometto – sorride il capitano stringendo la mano all'uomo anziano che ha gli occhi lucidi per la commozione.

La sera seguente le Cipolline si imbarcano sul Boeing che le riporterà in Italia.

Morten prende posto accanto al finestrino, pronto a chiacchierare con le sue amiche nuvole.

Sara richiama l'attenzione di Jamila e, indicando Elvira, sussurra: – Ho l'impressione che sia già scoppiata la nostalgia…

La fotografa, che si è allacciata le cinture di sicurezza, sta sfogliando il centinaio di fotografie che ha scattato ad Antonio con il sorriso sulle labbra.

Tommi ha preso posto tra Egle, seduta accanto al finestrino, e la Master Gol Cup che il capitano ha bloccato con cura con le cinture di sicurezza.

– Pensi di sorridere ogni tanto anche a me o solo alla tua coppa? – chiede la ballerina.

– Se stai zitta come lei, prometto che sorriderò anche a te… – risponde il capitano.

– Maleducato… – reagisce Egle, che afferra il cuscino e cerca di colpire il suo centravanti preferito.

Tommi para il colpo e parte all'attacco con il suo cuscino.

Spillo si prepara a superare la fase critica del decollo con l'aiuto di Dante che gli terrà la mano come al solito.

– A Malpensa ci sarà tutto il quartiere ad accoglierci. Non vedo l'ora di atterrare e di tornare a casa – confessa il numero 10.

– Io non vedo l'ora di mettere i piedi a terra e di mangiare qualche meringa – commenta Spillo. – Non mi ricordo neanche più che gusto hanno.

– Ci pensi? Ora torniamo a Milano e non giochiamo più, perché non siamo iscritti al campionato – fa notare Dante. – Siamo a gennaio. Fino a settembre potremo solo fare allenamenti o amichevoli. Non ti sembra strano?

– Io una bella pausa me la prendo volentieri. Ci siamo divertiti, ma la Master Gol Cup è stata anche massacrante – spiega Spillo. – Abbiamo viaggiato per mezza Europa e poi in Australia. Parare mi piace, ma anche andare in palestra, fare skate, ascoltare musica, leggere fumetti… Non mi dispiace proprio lasciare il pallone in un angolo per un po'.

– Be', sì, in fondo non hai tutti i torti – riconosce il numero 10. – Io credo proprio che mi dedicherò alla poesia.

– Anzi, ti dirò di più, cervellone – riprende Spillo. – I calciatori veri spiegano spesso: bisogna interrompere la carriera quando sei al top del successo, per lasciare un buon ricordo. Noi siamo campioni del mondo. Forse è il momento giusto per sciogliere le Cipolline.

– Sciogliere le Cipolline? – ripete Sara dal sedile di fianco. – Ho capito bene?

– Ne abbiamo parlato anche l'estate scorsa, ricordate? – chiede il portierone. – Achille voleva giocare a freccette con suo fratello, Dante voleva dedicarsi alla poesia, Ciro alla chitarra…

– In effetti, dopo aver vinto la Master Gol Cup, dopo aver viaggiato in tutto il mondo, dopo essere stati in televisione, non so chi abbia ancora voglia di fare il torneo degli oratori… – commenta Ciro.

– Io ho voglia – risponde Lara.

– Dovremo discuterne presto tutti insieme alla tisaneria – conclude Dante.

Donato convince una hostess a prestargli il microfono di bordo e alterando un po' la voce fa il seguente annuncio: – Signore e signori, benvenuti a bordo del volo destinazione Malpensa. Abbiamo ultimato le operazioni di imbarco e tra cinque minuti decolleremo. Vi informiamo che questo Boeing di ultimissima generazione è dotato di un pavimento trasparente che entrerà in funzione quando raggiungeremo la quota di crociera di diecimila piedi.

L'urlo di Spillo squarcia il silenzio della cabina passeggeri: – Nooo!

– Tranquillo, Spillo. Sono Donato. Era solo uno scherzo… – informa il papà di Tommi.

Le Cipolline scoppiano a ridere e non smettono più…

E mentre Spillo riprende a poco a poco colore e comincia a sentire un po' di appetito, segno che

tutto sta tornando alla normalità, le altre Cipolline si preparano in serenità e allegria al lungo viaggio di ritorno dall'indimenticabile trasferta in Australia.

Ma tante domande sul futuro del nostro gruppo di amici rimangono, per il momento, senza risposta.

Sarà vero che le Cipolline decideranno di sciogliere la squadra? E perché farlo proprio adesso, quando sono arrivate sul tetto del mondo?

Le grandi trasferte e le vittorie in giro per il mondo possono aver fatto dimenticare lo spirito delle origini?

La popolarità televisiva può aver rovinato il carattere dei ragazzi e i loro rapporti e aver alimentato invidie e gelosie insanabili?

E se invece le Cipolline dovessero decidere di proseguire la loro avventura di amicizia e di sport a quale campionato vorranno iscriversi?

Tutti i giocatori continueranno a far parte della squadra o qualcuno di loro vorrà lasciare il gruppo? O sarà obbligato a farlo? E per quali motivi?

Spillo deciderà di lasciare la porta delle Cipolline e di darsi definitivamente allo skateboard?

Dante preferirà concentrarsi sulla poesia e lasciare la regia del centrocampo a qualcun altro? E a chi?

E se Achille, l'ex bullo della scuola, volesse diventare un campione di freccette?

Loris tornerà a guidare con il suo codino e il suo talento gli Squali della *KombAttiva*?

Come si comporterà Teofano, l'affascinante imperatrice?

E come sarà il fratellino che mamma Lucia e papà Donato regaleranno a Tommi in primavera?

Tutte queste domande, e altre ancora, non rimarranno a lungo senza risposta.

E sono pronto a raccontarti tutto, o quasi, già dal prossimo libro.

Anzi, veramente no, non dal prossimo libro. Perché il prossimo sarà il *Gol!* numero 50 e lo festeggeremo insieme con un episodio assolutamente speciale che conterrà una storia fantastica.

Ma per il momento non posso svelarti di più per non rovinarti la sorpresa che, sono pronto a scommetterci, ti lascerà a bocca aperta…

E allora a presto, amici, anzi, a prestissimo.

Cipo-ciao!

CHI È LUIGI GARLANDO?

Luigi
a tre anni

Tra le tante cose che facevano infuriare mia mamma quando ero piccolo ce n'erano due in particolare: il lampadario della sala rotto e i cuscini sporchi d'inchiostro. Bastava che mi lasciassero solo in casa con mio fratello Ferruccio e la sala da pranzo diventava uno splendido campo di calcio. Il guaio è che in sala avevamo un insopportabile lampadario di cristallo, bello ma delicatissimo, una specie di testa con tanti orecchini di vetro: alla minima pallonata perdeva i pezzi.

Diventato un po' più grande, ho scoperto il divertimento della scrittura. Visto che ormai non avevo più l'età per farmi raccontare le fiabe, alla sera, prima di addormentarmi, me le raccontavo da solo, o meglio, inventavo delle storie e le scrivevo su un quaderno a quadretti. Il guaio, in questo caso, è che il sonno spesso arrivava prima che riuscissi a posare il quaderno e a mettere il tappino alla biro che così, rotolando nel letto per tutta la notte, macchiava cuscino e lenzuola.

Insomma, a me il calcio e la scrittura sono sempre piaciuti, infatti oggi sono un giornalista sportivo. Scrivo sulla *Gazzetta dello Sport*, quel giornale rosa che si pubblica a Milano, città in cui sono nato e cresciuto.

Prima di diventare giornalista, però, ho fatto per qualche anno l'insegnante di italiano. Allora davo i voti agli studenti, ora li do ai calciatori. La differenza è che quando un ragazzino si prendeva un 4 in un tema non mi telefonava per protestare, mentre quando do un 4 sul giornale a un centravanti, spesso mi squilla il cellulare…

Luigi Garlando

Non sono veloce come Becan o Joao, non ho la grinta di Sara e Lara, non ho la potenza di Spillo né l'altezza di Ciro-Ciraffa, non ho i piedi buoni di Tommi né il lancio preciso di Dante, ma gioco a pallone lo stesso… Almeno una volta alla settimana, con i miei compagni di lavoro. E come spiega Gaston Champignon: io non perdo mai, perché mi diverto sempre! Modestamente, ho una certa classe, come potete vedere nella foto qui sopra…

Un abbraccio a tutti!

P.S. Se volete scrivere a me o alle Cipolline, questa è la mia e-mail: lgarlando@rcs.it

INDICE

Luigi Garlando

NON PERDERTI LE AVVENTURE DELLE CIPOLLINE:

Luigi Garlando

CIPONEWS

CALCIO, INCHIESTE, CURIOSITÀ...
LE CIPOLLINE ALLA SCOPERTA DEI SEGRETI
DI UN VERO GIORNALE!

Ti piace il calcio?
Allora puoi leggere anche:

Luigi Garlando
Da grande farò il calciatore

Pietro ha due passioni: il calcio e la piccola isola dove vive con la mamma. Il giorno del suo compleanno Pietro riceve un regalo speciale: seduto in cucina c'è Iaki il Magnifico, il suo calciatore preferito! Pietro farà amicizia con il suo mito e lo seguirà fino a Milano per diventare un vero calciatore…